Deutsche Gedichte

독일 시
독일 서정

정명순

파울 첼란의 시문학 연구로 독일 하노버 대학에서 박사학위를 받고,
현재는 전남대학교에서 강의하고 있다.

Deutsche Gedichte

독일 시
독일 서정

인 쇄 2022년 12월 25일
발 행 2022년 12월 28일

편 역 정명순
발행인 정성택

발행처 전남대학교출판문화원
등 록 1981. 5. 21. 제53호
주 소 61186 광주광역시 북구 용봉로 77
전 화 (062) 530-0571～2
영업부 (062) 530-0573
팩 스 (062) 530-0579
홈페이지 http://www.cnup.co.kr
이메일 cnup0571@hanmail.net

값 22,000 원

ISBN 978-89-6849-923-4 (93850)

Deutsche Gedichte

정명순 편역

독일 시
독일 서정

전남대학교출판문화원

독일 시 독일 서정
Deutsche Gedichte

머리말 Vorwort

한 남자가 거친 바위 위에 서 있다. 그의 앞으로 광활한 자연이 펼쳐져 있다. 계곡에서 올라온 안개가 바위들을 감싸고 위를 향하니 하늘의 구름이 화답한다. 안개와 구름, 땅과 하늘, 현실과 피안이 맞닿는 중심에 선 듯한 거대한 산이 방랑자의 시선을 받고 있다. 카스파 다비드 프리드리히 '안개 바다 위의 방랑자'의 표지 그림이다.

방랑자의 표정을 알 수는 없지만, 그의 앞에 펼쳐진 웅장한 대자연의 모습을 보는 것만으로도 우리는 벌써 각자의 감상에 빠져든다. 시도 그렇지 않나 싶다. 시인이 그려낸 시공간으로 발을 들여놓으면서 독자들은 '안개 바다 위의 방랑자'처럼 감상적, 개혁적 낭만주의자가 될 것이다.

이 시집에는 중세에서 현대까지 독일의 대표 시작품들이 실려 있다. 시의 선정에는 문학평론가 라이히-라니츠키가 뽑은 독일 대표시들을 담은 인젤 출판사의 독일 시선집 "Die besten deutschen Gedichte"을 참고했다. "어두운 시대에, 이때에도 노래할 수 있는가? 그때에도 노래할 수 있다. 그 어두운 시대에 대하여"라는 브레히트 시의 구절처럼 기쁨과 희망의 때만 아니라 슬픔과 절망의 순간에도, 노래하기 힘든 시공간 속에서도 그 시대의 어두움에 대하여, 그리고 그 어두움을 이길 빛에 대하여 시들은 노래했다. 평화의 시대, 변화와 개혁의 시대, 또는 혁명과 격동의 시대를 견디고 거치며, 때론 위로와 소망을 전하고 때론 저항과 변혁의 목소리를 높이면서 시들은 그 시대를 우리 앞에 펼쳐 보인다.

파울 첼란은 자신의 시를 '누군가의 마음의 나라에 닿을 것이라는 희망으로 병 속에 띄워 보낸 편지'라고 표현했다. 이 시집에 담긴 시들이 어떤 메시지를 담은 말줄임으로, 또는 절망 속 소망의 몸짓으로, 무엇보다 일상에 새로운 의미를 부여하고 현실을 충만하게 하는 '병 속 편지'로 독자들의 마음에 다다를 수 있길 희망한다. 언어의 차이로 전달할 수 없는 시의 운율과 역자의 부족한 감수성으로 말미암아 주옥같은 시들이 독자들에게 이르는 길목을 막진 않았나 하는 걱정이 앞선다. 많은 부분에서 최적의 표현을 찾지 못해 끝내 궁핍하게 된 번역이 부끄럽지만, 부디 독자들께서 열린 감성으로 채워주시길 바란다.

2022년 12월

정명순

독일 시 독일 서정
Deutsche Gedichte

차례 Inhaltsverzeichnis

작가 미상

Anonym

중세시대 주요 문학 장르였던 민네장(연가)은 주로 귀족 부인에 대한 기사의 정신적 사랑이 표현된 연애 문학으로 궁정 축제에서 중심역할을 했다고 전해진다. "훌륭한 여인의 사랑을 얻는 자는 모든 악행을 부끄러워한다."는 포겔바이데의 말처럼 민네장은 기사의 미덕과 명예 그리고 헌신을 담고 있다. 육체적인 접촉을 배제하며, 이룰 수 없는 사랑의 대상에게 헌신을 다짐하는 '고급 민네'는 시간이 흐르면서 남녀 상호 간의 사랑으로 바뀌기도 했다. 귀족 신분의 여인에 대한 사랑만이 아니라 기사와 소박한 시골 아가씨의 만남을 주제로 한 에로틱한 연가들이 생겨났다.

소개한 연가는 작가가 기사 계급에 속한지 일반 시민인지 알 수 없다. “당신은 나의 것, 나는 당신의 것”이라는 첫 시행이 상대에게 부담스럽게 들릴 수 있지만 ‘내 마음은 온통 당신으로 채워졌다’, 또는 ‘나는 당신을 영원히 놓지 못하겠다’는 진한 사랑 고백으로 다가온다. 또한 수도원의 일상을 주로 담은 서간집에 실린 시라는 점을 생각할 때, 이 시는 어느 수녀의 깊은 신앙 고백일 수 있다.

당신은 나의 것, 나는 당신의 것

당신은 나의 것, 나는 당신의 것
이 사실을 잊지 마세요.
내 마음속에
당신은 갇혔고
열쇠는 사라졌으니
내 안에 영원히 머물러주세요.

Du bist mein, ich bin dein

Du bist mein, ich bin dein.
Dessen sollst du gewiss sein.
Du bist eingeschlossen
in meinem Herzen,
verloren ist das Schlüsselchen:
Du musst auch für immer darin bleiben.

발터 폰 데어 포겔바이데
Walther von der Vogelweide (1170-1230)

중세 최고 서정 시인이었던 포겔바이데는 귀족 여인들을 향한 연가를 벗어나서 일반 여성에게 향한다. "나는 나의 칭송을 감사할 줄 아는 여인에게 돌리련다. 오만한 여인들에게서 내 얻을 것이 무엇이랴?"라는 그의 말에는 응답 없는 일방적인 헌신과 사랑에 대한 불만족이 담겨있다. 1200년경에 쓰인 「보리수 아래」는 소박하지만 서로 오가는 사랑의 교감, 비밀스런 사랑의 추억을 담고 있다. 여성 화자는 연인과의 비밀스럽고 낭만적인 만남에 대한 기억을 상기하면서 연인과 만났던 아름다운 들판의 풍경을 벅찬 감정으로 표현한다.

보리수 아래

들판의
보리수 아래
우리 둘의 침상이 있는 곳
거기서 그대들은 보겠지
심히 꺾인
꽃과 풀잎을.
어느 계곡 숲 어귀에서
탄다라다이
나이팅게일이 사랑스럽게 노래했네.

내 사랑이 기다리는
초원으로
달려가니
이 행복이 영원할 듯
나를 반겼네.
오 성모 마리아여!
그가 내게 입맞추었을까? 수 천번!
탄다라다이
보세요, 내 입술이 얼마나 붉어졌는지.

Unter der Linde

Unter der Linde
an der Heide,
wo unser beider Bett war,
da könnt ihr schön
gebrochen finden
Blumen und Gras.
Vor dem Walde in einem Tal,
tandaradei,
sang die Nachtigall lieblich.

Ich kam
zu der Au,
da war mein Liebster schon da
Dort wurde ich empfangen,
edle Frau!
so dass ich für immer glücklich bin.
Küsste er mich? Wohl tausendmal!
Tandaradei,
seht, wie rot mir ist der Mund.

그가 멋진 꽃
침상을
만들었네.
누군가 그 길을 지나다
누운 꽃들을 보며
미소 짓겠지.
장미꽃 옆에서 곧 알아차리겠지
탄다라다이
내 머리 뉘었던 곳을.

그가 내 옆에 누웠다는 것도
알게 되면
내 얼굴이 붉어지겠지.
그와 내가 함께 했던 것을
누구도 알아서는
안 되지, 그와 나
그리고 나이팅게일 외에는
탄다라다이
그 작은 새는 침묵하겠지.

Da hatte er aus Blumen
ein prächtiges Bett
vorbereitet.
Darüber wird jetzt noch
herzlich gelacht,
wenn jemand denselben Weg entlang kommt.
An den Rosen kann er wohl,
tandaradei,
erkennen, wo mein Haupt lag.

Dass er bei mir lag,
wüsste das jemand
dann würde ich mich schämen.
Was er mit mir tat,
das soll nie jemand
erfahren, außer er und ich
und ein kleines Vöglein,
tandaradei,
das kann wohl verschwiegen sein.

파울 플레밍

Paul Fleming (1609-1640)

30년 전쟁(1618-1648)의 영향을 강하게 받은 독일 바로크 문학은 세속적인 쾌락과 죽음의 공포, 현실의 무상함과 종교로 귀의 등을 담고 있다. 플레밍의 삶은 전쟁 시기에 시작하고 마침으로써 끝없는 전쟁의 상흔을 담고 있지만, 그는 강한 윤리적 삶의 태도와 신앙으로 삶과 죽음의 고통을 견디는 모습을 작품에서 보여준다. 「파산의 때」에서 화자는 전 재산을 잃은 상인과 자신을 동일시하며 이별의 아픔과 사랑하는 사람 없이는 자신도 존재할 수 없다는 절망적인 심정을 표현한다. 「스스로에게」는 끝없는 전쟁과 절망적인 현실에서도 포기하지 말고 삶의 주인이 될 것을 화자 자신에게 그리고 독자에게 권면한다.

파산의 때

자신의 전 재산을 배 한 척에 맡긴 상인은
위험하다, 한 방에 전 재산을 잃을 때가
곧 다가올 수 있으니.
한 방 행운에 너무 기대는 사람은 그르친다.

나 자신을 돌아보면 소름이 돋는다.
내 배는 두 동강이 나고 재산은 모두 물살에 떠내려갔다.
내게 남은 것은 아무것도 없으니, 보잘 것 없는 것만 남았다.
이제 염려와 두려움 뿐, 내 신부는 어디로 갔는가.

이 불행한 자여! 심장은 찢기고
넋은 나갔다. 정신은 내게서 떠나갔다.
내 모든 것은 이제 사라졌다. 이제 어찌 되련가?

모든 것을 잃었을지라도 그녀만 남았더라면.
나의 가장 큰 손실은 바로 나 자신.
이제 내게 그녀는 없고, 그녀 없이 나도 없다.

Zur Zeit seiner Verstoßung

Ein Kaufman, der sein Gut nur einem Schiffe traut,
ist hochgefärlich dran, in dem es bald kan kommen,
daß ihm auf einen Stoß sein Ganzes wird genommen.
Der fehlt, der allzuviel auf ein Gelücke traut.

Gedenk' ich nun an mich, so schauret mir die Haut.
Mein Schiff, das ist entzwei, mein Gut ist weggeschwommen.
Nichts mehr, das ist mein Rest, das machet kurze Summen.
Ich habe Müh' und Angst, ein ander meine Braut.

Ich Unglückseliger! Mein Herze wird zerrißen,
mein Sinn ist ohne sich. Mein Geist zeucht von mir aus,
mein Alles wird nun Nichts. Was wird doch endlich drauß?

Wär' eins doch übrig noch, so wolt' ich Alles mißen.
Mein teuerster Verlust, der bin selbselbsten ich.
Nun bin ich ohne sie, nun bin ich ohne mich.

스스로에게

그럼에도 낙담하지 마라! 포기하지도 마라!
행운이 아니라고 피하려 하지 마라, 질투를 넘어서라,
네게 만족하고 고통으로 여기지 마라,
행운, 장소, 시간이 결탁하여 네게 맞설지라도.

너를 슬프게 하고 위로하는 모든 것을 선택된 것으로 여겨라.
운명을 받아들이고, 모든 것을 후회 없이 놓아라.
해야 할 것을 행하라 그것도 사람들이 네게 부탁하기 전에.
네가 희망할 수 있는 것은 끝없이 생겨나리라.

무엇을 한탄하고 무엇을 찬양하겠는가? 불행과 행운은
각자 그의 몫이 있으니. 모든 것을 살펴보라.
이 모든 것은 그대 안에 있으니. 너의 헛된 망상을 버려라.

그리고 앞으로 나아가기 전에 네 자신을 돌아보라.
자신이 주인되어 자신을 다스릴 수 있는 자에게
이 넓은 세상과 만물은 복종한다.

An sich

Sei dennoch unverzagt! Gib dennoch unverloren!
Weich keinem Glücke nicht, steh höher als der Neid,
vergnüge dich an dir und acht es für kein Leid,
hat sich gleich wider dich Glück, Ort und Zeit verschworen.

Was dich betrübt und labt, halt alles für erkoren;
nimm dein Verhängnis an. Laß alles unbereut.
Tu, was getan muß sein, und eh man dir's gebeut.
Was du noch hoffen kannst, das wird noch stets geboren.

Was klagt, was lobt man noch? Sein Unglück und sein Glücke
ist ihm ein jeder selbst. Schau alle Sachen an:
dies alles ist in dir. Laß deinen eitlen Wahn,

und eh du fürder gehst, so geh in dich zurücke.
Wer sein selbst Meister ist und sich beherrschen kann,
dem ist die weite Welt und alles untertan.

안드레아스 그리피우스

Andreas Gryphius (1616-1664)

목사의 아들로 태어나서 신교도 박해와 부모의 이른 사망을 겪은 그리피우스는 30년 전쟁(1618-1648)의 참상과 함께 죽음에 대한 공포와 죽음으로부터의 해방을 시에서 표현하고 있다. 「조국의 눈물」은 소년 시절에 겪은 참혹한 전쟁에 대한 시인의 체험을 자서전 형식으로 그려낸다. 「모든 것이 헛되다」에서는 평화로운 전원풍경이 폐허로 변했지만, 화자는 허무 속에서 영원한 것, 불멸의 것, 신적인 것으로 향하는 문을 찾으려 애쓴다. 「조국의 눈물」은 전쟁으로 인하여 폐허로 변한 마을과 끝없는 죽음의 행렬을 애달파하면서도 이보다 더 참혹하고 잔인한 것은 사람들이 '영혼의 보물'인 삶의 희망과 의지를 잃어버린 것임을 한탄한다.

모든 것이 헛되다

보이는 곳마다 세상의 허무뿐.
이 사람이 오늘 세우는 것, 저 사람이 내일 무너뜨리니
지금 도시가 서 있는 곳은 거친 들판으로 변하여
양치기 아이가 양 떼와 뛰놀겠지.

지금 화려하게 핀 꽃은 곧 짓밟힐 것이다.
지금 저리 으시대며 우쭐거리는 것, 내일이면 재와 유골이 된다.
어떤 것도 영원할 수 없으니, 청동도 대리석도 그러하다.
지금 행운이 우리를 향해 웃어도 곧 불평불만이 천둥처럼
울리겠지.

고귀한 행적의 명성도 한낱 꿈처럼 사라진다.
시간의 유희를 유약한 인간이 어찌 견디겠는가?
아, 우리가 소중하게 여기는 이 모든 것이 무엇이랴.

순전히 공허한 것이요, 그림자요 먼지와 바람이니
피었다 사라지는 한 송이 들꽃일 뿐.
그럼에도 영원한 것에 누구도 관심 두지 않는구나!

Es ist alles ganz eitel

Ich seh', wohin ich sehe, nur Eitelkeit auf Erden.
Was dieser heute baut, reißt jener morgen ein:
Wo jetzt noch Städte stehn, wird eine Wiese sein,
Auf der ein Schäferskind wird spielen mit den Herden.

Was jetzt noch prächtig blüht, soll bald zertreten werden.
Was jetzt so pocht und trotzt, ist morgen Asch' und Bein,
Nichts ist, das ewig sei, kein Erz, kein Marmorstein.
Jetzt lacht das Glück uns an, bald donnern
die Beschwerden.

Der hohen Taten Ruhm muss wie ein Traum vergehn.
Soll denn das Spiel der Zeit, der leichte Mensch, bestehn?
Ach! Was ist alles dies, was wir für köstlich achten,

Als schlechte Nichtigkeit, als Schatten, Staub und Wind;
Als eine Wiesenblum', die man nicht wieder find't.
Noch will, was ewig ist, kein einzig Mensch betrachten!

조국의 눈물

우리는 이제 완전히, 철저히 무너졌다!
야비한 민족의 무리, 광란의 나팔소리,
피로 살찐 검, 우레같은 대포들,
피땀 흘려 마련한 모든 것들을 망가뜨렸다.

탑들은 불타고, 교회는 무너지고,
시청은 돌무지 되고, 용감한 자들의 목은 잘리고,
처녀들은 능욕 당하니, 우리가 쳐다보는 곳마다
화염과 흑사병, 심장과 정신을 엄습하는 죽음뿐.

성곽과 도시 사이엔 선혈이 끝없이 흐른다.
시신들로 물살이 막힌 우리 강들이
힘들게 흐르기를 벌써 6년의 세 곱절이 되었다.

그럼에도 내가 아직 말하지 않은, 죽음보다 더 참혹한 것,
흑사병, 화염, 기근보다 더 잔인한 것은
많은 사람들이 영혼의 보물을 강탈당한 것이다.

Thränen des Vaterlandes

Wir sind doch nunmehr gantz, ja mehr denn gantz verheeret!
Der frechen Völcker Schar, die rasende Posaun
Das vom Blutt fette Schwerdt, die donnernde Carthaun
Hat aller Schweiß und Fleiß und Vorrath auffgezehret.

Die Türme stehn in Glutt, die Kirch ist umgekehret.
Das Rathhauß ligt im Grauß, die Starcken sind zerhaun,
Die Jungfern sind geschänd't, und wo wir hin nur schaun,
Ist Feuer, Pest, und Tod, der Hertz und Geist durchfähret.

Hir durch die Schantz und Stadt rinnt allzeit frisches Blutt.
Dreymal sind schon sechs Jahr, als unser Ströme Flutt,
Von Leichen fast verstopfft, sich langsam fort gedrungen.

Doch schweig ich noch von dem, was ärger als der Tod,
Was grimmer denn die Pest und Glutt und Hungersnoth,
Dass auch der Seelen Schatz so vielen abgezwungen.

크리스티안 호프만 폰 호프만스발다우
Christian Hoffmann von Hoffmannswaldau (1616-1679)

바로크 시인들은 끝없는 죽음의 행렬을 보면서 죽음에 대한 공포를 고단한 삶으로부터 해방이라는 믿음으로 죽음을 무력화하려 하거나, 삶과 죽음의 문제를 윤리, 이성, 신앙의 힘으로 극복하려 했다. 죽음이 낯선 대상이 아니라 현세와 내세의 중개자가 되고 일상의 벗처럼 익숙한 것으로 그려지기도 했다.

바로크 후기시인 호프만스발다우는 「덧없는 아름다움」에서 죽음의 손에 먼지와 곰팡이가 되는 아름다운 육체의 허무를 묘사하면서 삶의 어두운 면을 드러낸다. 하지만 덧없는 육체와 달리 험난한 시간을 견디고 이겨내는 마음의 강건함을 칭송하면서 죽음이 주는 허무함에 대항한다.

덧없는 아름다움

창백한 죽음이 차가운 손으로
그대의 가슴을 어루만지는 순간이 오리니,
사랑스런 산호빛 입술은 창백해지고
눈처럼 하얀 따스한 어깨도 차가운 모래로 변하리.

누군가에게 향했던 달콤한 눈빛,
활기찬 그대 손짓도 덧없이 사라지겠지.
황금빛 반짝이는 머리카락도
세월과 함께 거친 머리 다발이 되겠지.

아름다운 발걸음, 사랑스런 자태도
먼지 되어 흔적 하나 남기지 않겠지.
그대의 찬란함은 더 이상 경배받지 못하리.

이보다 더한 아름다움도 결국 사라질 것이나
그대의 마음만은 모든 시간을 견뎌내리니,
신이 그 마음을 금강석으로 빚었기 때문이지.

Vergänglichkeit der Schönheit

Es wird der bleiche Todt mit seiner kalten Hand
Dir endlich mit der Zeit um deine Brueste streichen,
Der liebliche Corall der Lippen wird verbleichen,
Der Schultern warmer Schnee wird werden kalter Sand;

Der Augen suesser Blitz, die Kraeffte deiner Hand
Fuer welchen solches faellt, die werden zeitlich weichen.
Das Haar, das itzund kan des Goldes Glantz erreichen,
Tilgt endlich Tag und Jahr als ein gemeines Band.

Der wohlgesetzte Fuß, die lieblichen Gebaerden,
Die werden theils zu Staub, theils nichts und nichtig werden,
Denn opfert keiner mehr der Gottheit deiner Pracht.

Diß und noch mehr als diß muß endlich untergehen.
Dein Hertze kan allein zu aller Zeit bestehen,
Dieweil es die Natur aus Diamant gemacht.

프리드리히 고트립 클롭슈토크

Friedrich Gottlieb Klopstock (1724-1803)

계몽주의 시대를 살았지만 이성에 매이지 않았던 클롭슈토크는 감상주의 시인으로 여겨지기도 한다. 이성 중심의 계몽주의에 반대하여 감성을 강조했던 감상주의는 정치 사회적 억압에 대항하여 감성의 충만과 도취에서 출구를 찾으려 했던 문학운동이다. 경건주의 운동과 더불어 이성이나 규칙에 얽매이지 않고 무의식적이며 자연적인 충동에 따라서 신을 규명하고, 종교를 영혼의 진정한 욕구로 받아들이려 했다.

클롭슈토크의 시는 서정성과 신비주의적 몰두와 침잠으로 이루어진 종교 생활의 내면화를 보이는데 소개한 두 작품에 서정성과 종교성이 잘 드러난다. 그 당시 클롭슈토크의 작품을 함께 읽는 것은 연인 관계로 발전하고 싶다는 고백으로 여겨질 정도였다. 괴테의 『젊은 베르테르의 슬픔』에서 로테와 베르테르의 심정적 공감이 이루어지는 순간이 다음과 같이 묘사된다.

"우리는 창가로 다가갔다. 저 멀리서 천둥소리가 울려오고 보슬비가 대지를 적시는 장관이 펼쳐졌다. 상쾌하기 이를 데 없는 향기가 대기를 가득 채우며 우리가 있는 위층까지 번져왔다. 로테는 창틀에 팔꿈치를 괴고 서서 바깥 풍경을 골똘히 바라보고 있었다. 그녀는 하늘과 나를 번갈아 바라보았는데, 눈에는 눈물이 가득했다. 그녀는 자기 손을 내 손 위에 올려놓으며 "클롭슈토크!" 하고 외쳤다. 나는 그녀가 염두에 두고 있는 장엄한 송가를 금방 떠올렸고, 그녀가 이 암호 같은 한마디로 내게 쏟아놓은 감정의 물결에 빠져들었다."

멀리서 천둥소리 들려오고, 나뭇가지들이 바람에 흩날리며, 빗줄기에 깨어난 자연의 향이 풍겨오는 순간에 로테는 「봄의 향연」을 떠올렸다. 이 송가는 유한자인 화자가 대지를 일깨우고 다스리는 영원한 분, 무한자에게 바치는 찬가이며 경배이다.

장미 리본

봄 그늘 아래의 그녀에게
장미 리본을 매 주었지.
그녀는 알지 못하고 잠에 빠져 있었네.

그녀를 바라보는 순간
나의 삶은 그녀의 삶에 엮였지.
나는 그것을 느꼈으나 알지 못했네.

하여 그녀에게 말없이 속삭였지.
장미 리본의 바스락거리는 소리에
그녀가 잠에서 깨어났네.

그녀가 나를 바라보는 순간
그녀의 삶도 내 삶에 엮였지.
우리 주변은 낙원이 되었다네.

Das Rosenband

Im Frühlingsschatten fand ich sie;
Da band ich Sie mit Rosenbändern:
Sie fühlt' es nicht und schlummerte.

Ich sah sie an; mein Leben hing
Mit diesem Blick an ihrem Leben:
Ich fühlt' es wohl, und wußt' es nicht.

Doch lispelt' ich ihr sprachlos zu,
Und rauschte mit den Rosenbändern:
Da wachte sie vom Schlummer auf.

Sie sah mich an; ihr Leben hing
Mit diesem Blick' an meinem Leben,
Und um uns ward Elysium.

봄의 향연

온 세상의 대양 속으로
나 뛰어들지 않으리, 떠돌고 싶지 않다.
처음 창조된 자들, 빛의 아들들 합창이 경배하는 곳,
깊이 경배하며 환희 속으로 사라지는 곳!

두레박에 맺힌 물방울 같은
지구에서나 떠돌며 경배하리!
할렐루야! 할렐루야! 두레박의 물방울도
전능하신 분의 손에서 흘러나왔다!

전능하신 분의 손에서
더 큰 행성들이 솟아 나왔기 때문이지!
빛의 강물이 흘러내리고, 일곱 성단이 생길 때,
물방울, 너도 전능하신 분의 손에서 함께 나왔다!

그때 빛의 강 하나 흘러 우리 태양이 되었지!
구름 바위에 부딪혀 쏟아지듯
큰 물결이 내려와 오리온자리를 띠 두를 때
물방울 너도 전능하신 분의 손에서 함께 나왔다!

수천, 수백만의 그들은 누구인가
그 물방울에서 살고 또 살았던 그 모두는? 또 나는 누구인가?

Die Frühlingsfeyer

Nicht in den Ozean der Welten alle
Will ich mich stürzen! schweben nicht,
Wo die ersten Erschaffnen, die Jubelchöre der Söhne des Lichts,
Anbeten, tief anbeten! und in Entzückung vergehn!

Nur um den Tropfen am Eimer,
Um die Erde nur, will ich schweben, und anbeten!
Halleluja! Halleluja! Der Tropfen am Eimer
Rann aus der Hand des Allmächtigen auch!

Da der Hand des Allmächtigen
Die größeren Erden entquollen!
Die Ströme des Lichts rauschten, und Siebengestirne wurden,
Da entrannest du, Tropfen, der Hand des Allmächtigen!

Da ein Strom des Lichts rauscht', und unsre Sonne wurde!
Ein Wogensturz sich stürzte wie vom Felsen
Der Wolk' herab, und den Orion gürtete,
Da entrannest du, Tropfen, der Hand des Allmächtigen!

Wer sind die tausendmal tausend, wer die Myriaden alle,
Welche den Tropfen bewohnen, und bewohnten? und wer bin ich?

창조주께 경배를! 솟구친 행성들보다
빛줄기에서 함께 흘러나온 일곱성단 보다 더 많구나!

허나 너, 봄의 어린 벌레야,
내 곁에서 놀고 있는 녹황색 벌레야,
너는 살아있지만, 아
불멸의 존재는 아닌가!

경배를 위해 태어난 내가 아닌가?
그런데 탄식하고 있다니. 용서하소서,
이 유한자의 눈물도 용서하소서,
오, 장차 오실 분이여!

당신은 내 모든 의혹을 밝혀주시리.
죽음의 어두운 계곡에서 나를 인도해주는
분이여! 오 그때는 알겠지
저 황금빛 벌레가 영혼을 갖고 있었는지를.

단지 티끌로 이루어진 존재라면,
오월의 아들이여, 그렇다면
다시 날리는 티끌이 되어라,
아니면 영원하신 분이 원하는 모양으로!

Halleluja dem Schaffenden! mehr wie die Erden, die quollen!
Mehr, wie die Siebengestirne, die aus Strahlen zusammenströmten!

Aber du Frühlingswürmchen,
Das grünlichgolden neben mir spielt,
Du lebst; und bist vielleicht
Ach nicht unsterblich!

Ich bin herausgegangen anzubeten,
Und ich weine? Vergib, vergib
Auch diese Träne dem Endlichen,
O du, der sein wird!

Du wirst die Zweifel alle mir enthüllen,
O du, der mich durch das dunkle Tal
Des Todes führen wird! Ich lerne dann,
Ob eine Seele das goldene Würmchen hatte.

Bist du nur gebildeter Staub,
Sohn des Mais, so werde denn
Wieder verfliegender Staub,
Oder was sonst der Ewige will!

새로운 눈물을 쏟을지니, 그대, 내 눈이여,
환희의 눈물을!
그대, 나의 하프여,
주를 찬양하라!

다시 휘감겨 있구나, 종려나무 가지로
내 하프가 둘러있구나! 내 주님 향해 노래하리!
여기 내가 있다. 나를 에워싼
모든 것이 전능이요 기적이다!

깊은 경외심으로 피조물을 바라봅니다.
오, 주여!
이름할 수 없는 분, 바로 당신이
창조하셨기 때문입니다!

내 주위를 맴돌며 내 달아오른 얼굴을
부드럽게 식혀주는 산들바람
너희를, 경이로운 산들바람을
보내주신 주여! 당신은 영원자이십니다!

허나 이제 바람은 잠잠하고, 잠들었다.
아침 해가 뜨겁게 달아오른다!
구름이 솟아오른다!
점점 뚜렷하게 다가오는 영원자여!

Ergeuß von neuem du, mein Auge,
Freudentränen!
Du, meine Harfe,
Preise den Herrn!

Umwunden wieder, mit Palmen
Ist meine Harf' umwunden! Ich singe dem Herrn!
Hier steh ich. Rund um mich
Ist alles Allmacht! und Wunder alles!

Mit tiefer Ehrfurcht schau ich die Schöpfung an,
Denn du!
Namenloser, du!
Schufest sie!

Lüfte, die um mich wehn, und sanfte Kühlung
Auf mein glühendes Angesicht hauchen,
Euch, wunderbare Lüfte,
Sandte der Herr! der Unendliche!

Aber jetzt werden sie still, kaum atmen sie.
Die Morgensonne wird schwül!
Wolken strömen herauf!
Sichtbar ist, der kommt, der Ewige!

이제 바람이 일고, 쏴쏴 회오리친다!
허리 굽히는 숲! 일렁이는 물살!
유한자에게 드러내는 당신의 모습입니다.
참으로 당신입니다, 모습을 보이는 무한자시여!

숲이 머리 숙이고, 강물이 물러나며 그리고 나는
얼굴을 땅에 대고 엎드리지 않는가?
주여! 주여! 신이여! 자비롭고 관대하신 분이여!
가까이 계신 분이여! 저를 불쌍히 여기소서!

주여, 노하셨습니까?
그래서 밤의 옷을 입으셨나요?
이 밤은 지상의 축복입니다.
아버지시여, 당신은 노하신 게 아닙니다!

밤은 회복의 기운을 쏟아붓기 위해서 찾아옵니다
원기를 돋우는 곡식 줄기 위로!
마음을 즐겁게 하는 포도송이 위로!
아버지시여, 당신은 노하신 게 아닙니다!

만물이 당신 앞에서 숨죽입니다, 가까이 계신 분이여!
사위가 고요합니다.
금빛으로 덮인 작은 벌레도 귀 기울입니다!
이 벌레도 영혼이 있는가요? 불멸인가요?

Nun schweben sie, rauschen sie, wirbeln die Winde!
Wie beugt sich der Wald! wie hebt sich der Strom!
Sichtbar, wie du es Sterblichen sein kannst,
Ja, das bist du, sichtbar, Unendlicher!

Der Wald neigt sich, der Strom fliehet, und ich
Falle nicht auf mein Angesicht?
Herr! Herr! Gott! barmherzig und gnädig!
Du Naher! erbarme dich meiner!

Zürnest du? Herr,
Weil Nacht dein Gewand ist?
Diese Nacht ist Segen der Erde.
Vater, du zürnest nicht!

Sie kommt, Erfrischung auszuschütten,
Über den stärkenden Halm!
Über die herzerfreuende Traube!
Vater, du zürnest nicht!

Alles ist still vor dir, du Naher!
Ringsumher ist alles still!
Auch das Würmchen mit Golde bedeckt, merkt auf!
Ist es vielleicht nicht seelenlos? ist es unsterblich?

오, 주여, 내 마음이 주 찬양으로 가득합니다!
당신은 점점 더 찬란한 모습으로 드러내십니다!
당신을 에워싼 밤은 점점 더 어두워지며
축복으로 충만해집니다!

그대들은 가까이 계신 분의 증인을 보는가, 저 경련하는 번개를?
그대들은 여호와의 천둥소리를 듣는가?
그대들은 그 소리를 듣는가? 듣고 있는가,
여호와의 천지를 울리는 천둥소리를?

주여! 주여! 신이여!
자비롭고 관대하신 분이여!
경배받으시고 찬미 받으소서
당신의 거룩한 이름이여!

저 거친 바람은? 천둥을 몰고 오는구나!
쏴쏴 소리내는구나!
요란한 물결로 숲을 휩쓸지 않는가!
그러다 이제 바람이 그친다. 천천히
먹구름이 걷힌다.

그대들은 가까이 계신 분의 새로운 증인을 보는가,
저 날아오는 번개를?
그대들은 저 구름 속에서 주님의 천둥소리를 듣는가?
여호와! 여호와! 외치는 소리를.
뇌우 맞은 숲에서 김이 솟는다!

Ach, vermöcht' ich dich, Herr, wie ich dürste, zu preisen!
Immer herrlicher offenbarest du dich!
Immer dunkler wird die Nacht um dich,
Und voller von Segen!

Seht ihr den Zeugen des Nahen, den zückenden Strahl?
Hört ihr Jehovas Donner?
Hört ihr ihn? hört ihr ihn,
Den erschütternden Donner des Herrn?

Herr! Herr! Gott!
Barmherzig, und gnädig!
Angebetet, gepriesen
Sei dein herrlicher Name!

Und die Gewitterwinde? sie tragen den Donner!
Wie sie rauschen!
wie sie mit lauter Woge den Wald durchströmen!
Und nun schweigen sie. Langsam wandelt
Die schwarze Wolke.

Seht ihr den neuen Zeugen des Nahen,
den fliegenden Strahl?
Höret ihr hoch in der Wolke den Donner des Herrn?
Er ruft: Jehova! Jehova!
Und der geschmetterte Wald dampft!

우리의 오두막은 온전하다!
아버지께서 명령하셨으니
그의 파괴자에게
우리 오두막은 지나쳐가라고!

아, 벌써 주룩주룩
하늘과 땅에 은총의 빗소리 가득하다!
이제 그리도 목말라하던 대지가 생기를 얻고,
하늘이 축복의 짐을 벗는다!

보라, 이제 여호와가 뇌우 속에 오시는 게 아니다.
조용하며 부드러운 속삭임으로
여호와는 오시니,
그 발아래 평화의 무지개가 펼쳐지는구나!

Aber nicht unsre Hütte!
Unser Vater gebot
Seinem Verderber,
Vor unsrer Hütte vorüberzugehn!

Ach, schon rauscht, schon rauscht
Himmel, und Erde vom gnädigen Regen!
Nun ist, wie dürstete sie! die Erd' erquickt,
Und der Himmel der Segensfüll' entlastet!

Siehe, nun kommt Jehova nicht mehr im Wetter,
In stillem, sanftem Säuseln
Kommt Jehova,
Und unter ihm neigt sich der Bogen des Friedens!

고트홀트 에브라임 레싱

Gotthold Ephraim Lessing (1729-1781)

계몽주의 대표 작가인 레싱은 극작가이면서 시인으로, 철학자이며 예술비평가로 활발하게 활동했다. 문화 전반에 걸쳐 뛰어난 성과를 이루었고, 독일문학이 세계문학으로 우뚝 서는 준비과정에서 결정적인 역할을 했다. 시민비극의 창시자, 전제군주제와 교조적 루터교의 비판자, 시민계급의 선구자, 국민연극의 토대를 마련한 독일 근대 희곡의 아버지로 칭송받고 있다.

그의 계몽주의 정신은 『현자 나탄』에 잘 드러난다. 3차 십자군 전쟁 당시의 예루살렘이 배경인 이 희곡에서 유대인 나탄과 이슬람교의 살라딘 그리고 기독교도인 기사가 대립하면서 서로의 간격을 좁혀간다. 레싱은 나탄의 '반지 우화'를 통해서 세 종교 중에서 널리 선을 베풀어 더 많은 사람에게 인정받는 종교가 참된 종교라는 뜻을 전하고 있다. 그 종교를 믿는 사람들이 바르게 사는 만큼 해당 종교의 권위가 보증된다는 것은 선을 향한 인간의 노력을 요구하고 있다. 인간성 실현과 이상 추구, 노력하는 인간, 자기 발전을 추구하는 계몽주의 정신이 작품에서 구현된다. 짤막한 시 「스페인 노래」도 일인칭 주어가 반복되면서 주체적이고 능동적인, 사유하는 화자의 모습을 드러낸다.

스페인 노래

어제 나는 사랑했고
오늘 나는 고뇌하고
내일 나는 죽는다.
그래도 오늘과 내일
나는 기꺼이
어제를 회상한다.

Lied aus dem Spanischen

Gestern liebt‘ ich,
Heute leid‘ ich,
Morgen sterb‘ ich:
Dennoch denk‘ ich
Heut und morgen
Gern an gestern.

요한 볼프강 폰 괴테

Johann Wolfgang von Goethe (1749-1832)

괴테의 초기 작품들은 기존질서의 권위와 인습에서 벗어나서 자유와 해방을 찾으며 자유로운 감정과 열정을 쏟아내는 질풍노도 문학의 특징을 보여준다. 괴테가 시인으로서의 정체성을 드러내는 「프로메테우스」는 자율적이며 주체적인 인간상을 제시하고 있다. 「들장미」는 21살의 괴테가 슈트라스부르크에서 알게 된 프리데리케에게 바친 시로 열정이 지나쳐서 자아 중심적인 사랑의 모습을 보이기도 하다.

『젊은 베르테르의 슬픔』으로 유명해진 청년 괴테는 1775년 바이마르 공국의 초청을 받아서 바이마르로 이주하고, 1786년 이탈리아 여행을 통해서 고전주의로 들어간다. 바이마르 초기 시절 작품인 「어부」는 물의 정령에 관한 신화적 상상력이 들어간 발라드로 자연의 모든 것이 유기적으로 얽혀있다는 괴테의 자연관을 반영한다. 이성으로 파악할 수 없는 감정과 영혼의 힘이 자연의 신비로운 힘과 연결되면서 자연과의 합일로 이끌어진다.

「나그네의 밤 노래」는 자연과 합일, 자연이 주는 고요하고 편안한 상태, 궁극적인 고요, 정적인 상태를 보여준다. 「눈물 젖은 빵」, 「미뇽」의 시들은 노인과 집시 소녀 미뇽의 노래로 괴테의 교양소설 『빌헬름 마이스터의 수업시대』에 수록되어 있다. 「일체의 무상한 것」은 희곡작품 『파우스트』 말미에 나오는 '신비의 합창' 부분으로, '영원히 여성적인 것이 우리를 이끌어올린다.'는 구절은 자신의 문학세계를 풍성하게 만든 여성들에게 바친 괴테의 고백이기도 하다.

프로메테우스

제우스여, 구름안개로
그대의 하늘을 덮으라!
엉겅퀴를 꺾는
소년처럼
떡갈나무나 산꼭대기에 덤벼 보아라.
하지만 나의 대지는
손대지 마라,
그대가 짓지 않은 내 오두막
그리고 내 아궁이와
그 불을
그대는 탐내고 있다.

신들이여, 태양 아래서 그대들보다
불쌍한 존재는 없다.
그대들은
징수한 제물이나
기도의 한숨으로
겨우 위엄을 유지하고 있을 뿐,
어린이나 구걸하는 인간들이
어리석은 소원을 빌지 않으면
굶어 죽으리라.

Prometheus

Bedecke deinen Himmel, Zeus,
Mit Wolkendunst!
Und übe, Knaben gleich,
Der Disteln köpft,
An Eichen dich und Bergeshöhn!
Musst mir meine Erde
Doch lassen stehn
Und meine Hütte, die du nicht gebaut,
Und meinen Herd,
Um dessen Glut
Du mich beneidest.

Ich kenne nichts Ärmers
Unter der Sonn als euch, Götter.
Ihr nähret kümmerlich
Von Opfersteuern
Und Gebetshauch
Eure Majestät
Und darbtet, wären
Nicht Kinder und Bettler
Hoffnungsvolle Toren.

내 어릴 적,
사리 분별을 못했기에
내 방황하는 눈은
태양을 향했으니, 마치 저 위에
내 탄식을 들어 줄 귀라도 있는 듯,
괴로움을 달래 줄
내 마음 같은 분이라도 있는 듯.

누가 거인족의 폭력에 맞서
나를 도왔던가?
누가 죽음과 노예 상태에서
나를 구했던가?
이 모든 것을 이룬 것은
성스럽게 불타는 내 마음이 아니었던가?
하지만 어리고 순진했던 나는
구원받은 양 속아서, 천상에서 잠자고 있는 자에게
열렬히 감사하지 않았던가?

내가 그대를 숭배해야 하는가? 무엇 때문에?
그대는 한 번이라도 무거운 짐 진 인간의
고통을 덜어주었는가?
그대는 한 번이라도 불안에 싸인 인간의
눈물을 멈추게 해주었는가?

Da ich ein Kind war,
Nicht wusste, wo aus, wo ein,
Kehrte mein verirrtes Aug
Zur Sonne, als wenn drüber wär
Ein Ohr, zu hören meine Klage,
Ein Herz wie meins,
Sich des Bedrängten zu erbarmen.

Wer half mir wider
der Titanen Übermut?
Wer rettete vom Tode mich,
Von Sklaverei?
Hast du's nicht alles selbst vollendet,
Heilig glühend Herz?
Und glühtest, jung und gut,
Betrogen, Rettungsdank
Dem Schlafenden dadroben?

Ich dich ehren? Wofür?
Hast du die Schmerzen gelindert
Je des Beladenen?
Hast du die Tränen gestillet
Je des Geängsteten?

나를 인간으로 단련시켜 준 것은
바로 전능한 시간과
영원한 운명,
나의 주인이며 그대의 지배자가 아니었던가?

피어나는 꿈마다
결실로 맺어지지 않는다하여
내가 삶을 증오하고
광야로 도망하리라고
그대는 착각하고 있는가?

여기 앉아 나는 인간을 빚으니,
내 모습을 따라서,
나를 닮은 종족을,
괴로워하고 울고
즐거워하고 기뻐하며
그대 따위는 숭배하지 않는
나 같은 인간을!

Hat nicht mich zum Manne geschmiedet
Die allmächtige Zeit
Und das ewige Schicksal,
Meine Herren und deine?

Wähntest du etwa,
Ich sollte das Leben hassen,
In Wüsten fliehen,
Weil nicht alle Knabenmorgen -
Blütenträume reiften?

Hier sitz ich, forme Menschen
Nach meinem Bilde,
Ein Geschlecht, das mir gleich sei,
Zu leiden, weinen,
Genießen und zu freuen sich,
Und dein nicht zu achten,
Wie ich!

들장미

들에 핀 작은 장미,
그 장미 한 송이를 한 소년이 보았다.
아주 여리고 싱그러운 새벽빛 같은
장미를 가까이 보려고 달려간
소년은 기쁨으로 가득 찼다.
장미, 장미 붉은 장미
들에 핀 어린 장미.

소년이 말했다, 난 너를 꺾겠어,
작은 들장미야!
장미가 말했다, 난 너를 찌를 테야
네가 나를 영원히 기억하도록,
나는 참기만 하지는 않을 거야.
장미, 장미, 붉은 장미
들에 핀 어린 장미.

들뜬 소년은 들에 핀
작은 장미를 꺾었다.
장미는 찌르면서 저항했으나
비명도 탄식도 소용없이
고통을 견뎌야만 했다.
장미, 장미, 붉은 장미
들에 핀 어린 장미.

Heidenröslein

Sah ein Knab' ein Röslein stehn,
Röslein auf der Heiden,
War so jung und morgenschön,
Lief er schnell es nah zu sehn,
Sah's mit vielen Freuden.
Röslein, Röslein, Röslein roth,
Röslein auf der Heiden.

Knabe sprach: ich breche dich,
Röslein auf der Heiden!
Röslein sprach: ich steche dich,
Daß du ewig denkst an mich,
Und ich will's nicht leiden.
Röslein, Röslein, Röslein roth,
Röslein auf der Heiden.

Und der wilde Knabe brach
's Röslein auf der Heiden;
Röslein wehrte sich und stach,
Half ihm doch kein Weh und Ach,
Mußt' es eben leiden.
Röslein, Röslein, Röslein roth,
Röslein auf der Heiden.

달에

그대는 숲과 계곡을 고요히
안개빛으로 새롭게 채우고
마침내 나의 영혼을
낱낱이 풀어 펼친다.

그대가 나의 들녘에
부드러운 눈길 보내니
벗의 눈빛으로
나의 운명을 어루만지는 듯하다.

하여 내 마음은 즐거웠던,
슬펐던 시간의 모든 여운을 느끼며
고독에 에워싸인 채
기쁨과 슬픔 사이를 떠돈다.

흘러라, 흘러 사랑의 강물이여!
즐거운 시절은 다시 오지 않으니
장난도 입맞춤도 흘러갔다
더불어 사랑의 맹세도.

An den Mond

Füllest wieder Busch und Tal
Still mit Nebelglanz,
Lösest endlich auch einmal
Meine Seele ganz.

Breitest über mein Gefild
Lindernd deinen Blick,
Wie des Freundes Auge, mild
Über mein Geschick.

Jeden Nachklang fühlt mein Herz
Froh- und trüber Zeit,
Wandle zwischen Freud' und Schmerz
In der Einsamkeit.

Fließe, fließe, lieber Fluß!
Nimmer werd' ich froh;
So verrauschte Scherz und Kuß
Und die Treue so.

그래도 딱 한 번 맛보았다,
그토록 값진 것을!
사무쳐서
결코 잊을 수 없는 것을.

강물아, 골짜기 따라 졸졸 흘러가라
쉬지 말고, 멈추지 말고
졸졸 흘러 내 노래에
선율을 넣어다오.

겨울밤
맹렬히 차올라
찬란한 봄빛 품은
어린 꽃봉오리 에워싼 그대.

축복받으라, 미움 없이
세상에 자신을 숨기고,
친구 하나 가슴에 품고
더불어 즐거워하는,

그대는, 그 누가 알지 못해도
아무도 생각해주지 않아도
가슴의 미로를 지나며
밤을 홀로 떠돈다.

Ich besass es doch einmal,
Was so köstlich ist!
Dass man doch zu seiner
Qual Nimmer es vergisst.

Rausche, Fluß, das Tal entlang,
Ohne Rast und Ruh,
Rausche, flüstre meinem Sang
Melodien zu,

Wenn du in der Winternacht
Wütend überschwillst,
Oder um die Frühlingspracht
Junger Knospen quillst.

Selig, wer sich vor der Welt
Ohne Hass verschliesst,
Einen Freund am Busen hält
Und mit dem geniesst,

Was, von Menschen nicht gewusst
Oder nicht bedacht,
Durch das Labyrinth der Brust
Wandelt in der Nacht.

어부

물결이 철썩 솟구쳐 올랐다.
물가에 앉아
낚싯대를 조용히 바라보던
어부의 가슴까지 서늘해졌다.
그가 앉은 채 귀 기울이니
물살이 솟구쳐 갈라진다.
출렁이는 물결에서
물에 젖은 여인이 모습을 드러낸다.

그녀는 그에게 노래하듯 말했다.
"어찌 당신은 인간의 술수와
간계로 내 아이를
죽음의 불구덩이 속으로 꾀어내는가요?
아, 당신이 안다면, 어린 물고기가
저 바닷속에서 얼마나 행복한지를,
당신 지금 그대로 이리 내려오면
여기서 기쁨을 누릴텐데.

Der Fischer

Das Wasser rauscht', das Wasser schwoll,
Ein Fischer saß daran,
Sah nach dem Angel ruhevoll,
Kühl bis ans Herz hinan.
Und wie er sitzt und wie er lauscht,
Teilt sich die Flut empor:
Aus dem bewegten Wasser rauscht
Ein feuchtes Weib hervor.

Sie sang zu ihm, sie sprach zu ihm:
"Was lockst du meine Brut
Mit Menschenwitz und Menschenlist
Hinauf in Todesglut?
Ach wüßtest du, wie's Fischlein ist
So wohlig auf dem Grund,
Du stiegst herunter, wie du bist,
Und würdest erst gesund.

사랑스런 태양과 달은
바닷속에서 생기를 띠지 않는가요?
물결 머문 그들 얼굴은
더 고운 모습되어 돌아오지 않는가요?
깊은 하늘이 당신을 유혹하지 않는가요,
저 물에 젖어 빛나는 푸른 빛이?
당신 자신의 얼굴이
당신을 영원한 이슬 안으로 유혹하지 않나요?"

물결이 철썩 솟구쳐 올라
그의 맨발을 적셨다.
연인의 안부를 듣는 듯
그의 가슴은 그리움으로 가득 차올랐다.
그녀가 그에게 속삭이듯, 그를 향해 노래했다.
그에게 무슨 일이 일어났을까,
그녀가 그를 당기는 듯, 그가 스스로 들어가는 듯
그는 이제 보이지 않는다.

Labt sich die liebe Sonne nicht,
Der Mond sich nicht im Meer?
Kehrt wellenatmend ihr Gesicht
Nicht doppelt schöner her?
Lockt dich der tiefe Himmel nicht,
Das feuchtverklärte Blau?
Lockt dich dein eigen Angesicht
Nicht her in ew'gen Tau?"

Das Wasser rauscht', das Wasser schwoll,
Netzt' ihm den nackten Fuß;
Sein Herz wuchs ihm so sehnsuchtsvoll
Wie bei der Liebsten Gruß.
Sie sprach zu ihm, sie sang zu ihm;
Da war's um ihn geschehn;
Halb zog sie ihn, halb sank er hin
Und ward nicht mehr gesehn.

나그네의 밤 노래

산봉우리마다
고요가 감도니,
나무 우듬지 어디에도
한 줄기
숨결조차 느끼지 못하는 그대여.
어린 새들도 숲속에서 잠잠하니
기다리구려! 머지않아
그대 또한 안식하리니.

Wandrers Nachtlied

Ueber allen Gipfeln
Ist Ruh',
In allen Wipfeln
Spürest Du
Kaum einen Hauch;
Die Vögelein schweigen im Walde.
Warte nur! Balde
Ruhest du auch.

눈물 젖은 빵을 먹어 보지 않은 사람은

눈물 젖은 빵을 먹어 보지 않은 사람은
슬픈 밤을 단 한 번이라도
침상에서 눈물 흘리며 지새운 적이 없는 사람은
알지 못합니다, 천상에 계신 당신의 권능을!

당신은 우리에게 삶을 선물하고
불쌍한 자를 죄짓게 버려두어
슬픔 속에 내맡깁니다.
모든 죄는 제값을 치르게 되지요.

Wer nie sein Brot mit Tränen aß,

Wer nie sein Brot mit Tränen aß,
Wer nie die kummervollen Nächte
Auf seinem Bette weinend saß,
Der kennt euch nicht, ihr himmlischen Mächte!

Ihr führt in's Leben uns hinein,
Ihr laßt den Armen schuldig werden,
Dann überlaßt ihr ihn der Pein:
Denn alle Schuld rächt sich auf Erden.

미뇽: 당신은 그 나라를 아시나요?

당신은 그 나라를 아시나요? 레몬꽃 피는 곳,
짙은 나뭇잎 사이로 황금빛 오렌지가 빛나고
푸른 하늘에서 부드러운 바람이 불어오며
미르테는 고요히, 월계수는 드높이 서 있는 곳,
그 곳을 아시나요?
그 곳으로! 그 곳으로
당신과 함께 가고 싶습니다, 오 내 사랑이여.

당신은 아시나요? 둥근 기둥들 위에서 지붕이 쉬고 있는,
찬란한 홀, 빛나는 방이 있는,
대리석상들이 나를 바라보며
가엾은 아이야, 무슨 일 있었니? 라며 맞아주는 곳.
그 곳을 아시나요?
그 곳으로! 그곳으로
당신과 함께 가고 싶습니다, 오 내 보호자여.

당신은 아시나요? 그 산과 그 구름 길을.
노새가 안개 속에서 제 길을 찾고
동굴 속에는 용의 오래된 알이 있는 곳
무너진 바위 위로 폭포수 흐르는 곳.

Mignon : Kennst du das Land?

Kennst du das Land, wo die Zitronen blühn,
Im dunkeln Laub die Goldorangen glühn,
Ein sanfter Wind vom blauen Himmel weht,
Die Myrte still und hoch der Lorbeer steht,
Kennst du es wohl?
Dahin! Dahin
Möcht' ich mit dir, o mein Geliebter, ziehn!

Kennst du das Haus? auf Säulen ruht sein Dach,
Es glänzt der Saal, es schimmert das Gemach,
Und Marmorbilder stehn und sehn mich an:
Was hat man dir, du armes Kind, getan?
Kennst du es wohl?
Dahin! Dahin
Möcht' ich mit dir, o mein Beschützer, ziehn.

Kennst du den Berg und seinen Wolkensteg?
Das Maultier sucht im Nebel seinen Weg,
In Höhlen wohnt der Drachen alte Brut,
Es stürzt der Fels und über ihn die Flut:

그 곳을 아시나요?
그 곳으로!
그 곳으로 우리의 길이 뻗어있어요, 오 아버지, 우리 떠나요!

Kennst du ihn wohl?
Dahin! Dahin
Geht unser Weg; o Vater, laß uns ziehn!

미뇽: 그리움을 아는 자만이

그리움을 아는 자만이
알겠지, 나의 고통을!
홀로
모든 즐거움과 담을 쌓고
저 너머
창공을 바라본다.

아! 나를 사랑하고 알아주는 이는
저리 먼 곳에 있구나.
내 몸은 비틀거리고
내 마음은 타들어 가는구나.
그리움을 아는 자만이
알겠지, 나의 고통을!

Mignon : Nur wer die Sehnsucht kennt

Nur wer die Sehnsucht kennt
Weiß, was ich leide!
Allein und abgetrennt
Von aller Freude,
Seh ich ans Firmament
Nach jener Seite.

Ach! der mich liebt und kennt,
Ist in der Weite.
Es schwindelt mir, es brennt
Mein Eingeweide.
Nur wer die Sehnsucht kennt
Weiß, was ich leide!

일체의 무상한 것은

일체의 무상한 것은
한낱 비유일 뿐.
미칠 수 없는 것도
여기서는 실현되고,
형언할 수 없는 것도
여기서는 이루어지니,
영원히 여성적인 것이
우리를 이끌어 올린다.

Alles Vergängliche

Alles Vergängliche
ist nur ein Gleichnis;
das Unzulängliche,
hier wird ′s Ereignis;
das Unbeschreibliche,
hier ist ′s getan;
das Ewig-Weibliche
zieht uns hinan.

프리드리히 실러

Johann Christoph Friedrich Schiller (1759-1805)

극작가, 시인, 철학자, 역사가, 문학 이론가인 실러는 괴테와 더불어 독일 고전주의를 꽃피웠고 독일문학을 세계문학으로 이끌어 올렸다. 자연과 정신, 본성과 도덕성의 조화를 추구하며 인간의 자유와 존엄성을 바탕으로 하는 그의 작품은 1800년대 독일 혁명기에 자유를 위한 투쟁에 많은 영향을 미쳤다.

베토벤의 마지막 교향곡인 「9번 교향곡」 중 4악장에 등장하는 합창은 실러의 '환희의 송가'에 아름다운 선율을 더한 것이다. 청년, 노인, 약한 자, 강한 자, 모두의 가슴을 울리는 노랫말과 아름답고 웅장한 선율은 인류의 공통된 정서인 형제애를 노래하고 있다.

1785년에 쓴 이 시는 후에 마지막 연이 조금 축약되고, 첫 연의 몇 단어들이 바뀌어서 "신성한 그대의 힘은 가혹한 현실이 갈라놓았던 것을 다시 결합하고, 모든 인간은 형제가 된다."로 바뀌었다. 이 곡은 1차 세계대전 당시에는 전쟁 홍보용으로 이용되었다가 전쟁이 끝난 후에는 종전 축하 연주회에서 평화의 음악으로 연주되기도 했다. 2차 세계대전 시작과 함께 이 웅장한 음악은 사람들의 마음을 움직여서 헌신적인 상태로 만들려는 정치적인 의도로 사용되기도 했다. 지금은 유럽 연합의 공식 상징가이며, 유네스코 세계기록문화유산이다. 「세상의 분할」은 실러가 괴테와 밀접한 교류를 나누던 바이마르 시절에 쓴 시이다. 세계를 나누어 가질 때 아무것도 얻지 못한 시인은 그에게 이상적인 세계, 즉 하늘이 열리어있음을 위안으로 삼아야 하는 운명을 말하고 있다.

환희에

환희여, 아름다운 신의 불꽃이여,
낙원의 딸이여,
우리는 기쁨에 취해
성스러운 신전으로 들어간다.
신성한 그대의 힘이
현실의 검으로 갈라선 것을 다시 맺으니,
거지도 영주의 형제가 된다
그대의 부드러운 날개가 머무는 곳에서.

만인이여, 서로 포옹하라!
세상 모두에게 입맞춤을!
형제여, 별이 빛나는 하늘 너머
사랑하는 아버지가 계신다.

큰 축복을 받은 자여,
참된 친구를 얻은 자여,
여성의 따스한 사랑을 받은 자여,
다 함께 환희의 노래를 부르자!
자, 지상의 단 한 사람의 마음이라도
얻는 자는 환희의 노래를 부르자!

An die Freude

Freude, schöner Götterfunken,
Tochter aus Elisium,
Wir betreten feuertrunken
Himmlische, dein Heiligthum.
Deine Zauber binden wieder,
was der Mode Schwerd getheilt;
Bettler werden Fürstenbrüder,
wo dein sanfter Flügel weilt.

Seid umschlungen Millionen!
Diesen Kuß der ganzen Welt!
Brüder - überm Sternenzelt
muß ein lieber Vater wohnen.

Wem der große Wurf gelungen,
eines Freundes Freund zu seyn;
wer ein holdes Weib errungen,
mische seinen Jubel ein!
Ja - wer auch nur eine Seele
sein nennt auf dem Erdenrund!

허나 그 조차 가지지 못한 자는
눈물 흘리며 조용히 떠나라!

이 세상에 머무는 모두는
교감하는 마음에 경의를 표하라!
미지의 분이 다스리는
별들에게 인도하리니.

모든 존재는
자연의 가슴에서 흘러나오는 환희를 마시고,
선한 자나 악한 자나
장미꽃 길을 걸으리.
자연은 우리에게 입 맞추며 포도송이와,
죽음조차 갈라놓을 수 없는 친구를 선물한다.
벌레조차 즐거움을 선물 받고,
주님 앞에 천사 케루빔이 서리라.

만인이여, 엎드려 경배하겠는가?
세계여, 창조주를 느끼는가?
별이 빛나는 하늘 너머 아버지를 찾으라
별 너머 그가 계실 것이니.

환희는 자연을 불멸로 만드는
강한 힘이니.

Und wer's nie gekonnt, der stehle
weinend sich aus diesem Bund!

Was den großen Ring bewohnet
huldige der Simpathie!
Zu den Sternen leitet sie,
Wo der Unbekannte thronet.

Freude trinken alle Wesen
an den Brüsten der Natur,
Alle Guten, alle Bösen
folgen ihrer Rosenspur.
Küße gab sie uns und Reben,
einen Freund, geprüft im Tod.
Wollust ward dem Wurm gegeben,
und der Cherub steht vor Gott.

Ihr stürzt nieder, Millionen?
Ahndest du den Schöpfer, Welt?
Such' ihn überm Sternenzelt,
über Sternen muß er wohnen.

Freude heißt die starke Feder
in der ewigen Natur.

환희, 환희는 거대한 세상 시계의
톱니 바퀴를 굴린다.
새싹에서 꽃을 피우고
창공에서 빛을 이끌어내며
천문학자의 망원경도 알지 못하는 천체를
하늘 공간에서 운행하는 것도 환희!

기쁘게, 천상의 거대한 운행을 좇아서
태양들이 움직이듯
형제여, 그대의 길을 달려가라,
영웅이 승리를 향해 질주하듯 환희로 충만하여.

진실의 화엄경에서
탐구자에게 미소짓는 환희.
미덕의 가파른 언덕을 향해
포기하지 않는 자의 길을 인도하는 환희.
신념의 태양산 위에서
나부끼는 깃발을,
부서진 관들의 틈새로, 천사들의 합창에 에워싸여
휘날리고 있는 환희의 깃발을 본다.

만민이여, 굳세게 견디라!
더 나은 세상을 위해 인내하라!
별이 빛나는 하늘 너머

Freude, Freude treibt die Räder
in der großen Weltenuhr.
Blumen lockt sie aus den Keimen,
Sonnen aus dem Firmament,
Sphären rollt sie in den Räumen,
die des Sehers Rohr nicht kennt!

Froh, wie seine Sonnen fliegen,
durch des Himmels prächtgen Plan,
Laufet Brüder eure Bahn,
freudig wie ein Held zum siegen.

Aus der Wahrheit Feuerspiegel
lächelt sie den Forscher an.
Zu der Tugend steilem Hügel
leitet sie des Dulders Bahn.
Auf des Glaubens Sonnenberge
sieht man ihre Fahnen when,
Durch den Riß gesprengter Särge
sie im Chor der Engel stehn.

Duldet mutig Millionen!
Duldet für die beßre Welt!
Droben überm Sternenzelt

위대하신 아버지가 은총을 베푸시리라.
우리는 신들에게 보답할 수 없다
신을 닮아가는 것은 멋진 일이니
번뇌와 빈곤을 숨기지 말며,
기뻐하는 자들과 함께 기뻐하라.
원한과 복수는 잊을지니
불구대천의 원수도 용서하라.
눈물로 그를 압박하지 말지니
회한이 그를 상하게 하지 못하기 때문이다.

우리의 채무 장부를 없애자!
세상 사람들이여 화해하자!
형제여, 별이 빛나는 하늘 너머
계신 하나님이 우리가 심판한 대로 심판 하신다.

환희가 술잔에서 솟구치니,
포도의 소중한 즙에 담긴
온유함을 난폭한 자들이 마신다.
절망하는 자는 영웅의 용기를 마신다.
형제들이여, 자리를 박차고 일어나
가득 찬 포도주 잔이 돌리면
하늘로 거품을 뿌려라,
이 잔을 성령에 바치리라.

wird ein großer Gott belohnen.
Göttern kann man nicht vergelten,
schön ists ihnen gleich zu seyn.
Gram und Armut soll sich melden
mit den Frohen sich erfreun.
Groll und Rache sei vergessen,
unserm Todfeind sei verziehn.
Keine Thräne soll ihn pressen,
keine Reue nage ihn.

Unser Schuldbuch sei vernichtet!
ausgesöhnt die ganze Welt!
Brüder – überm Sternenzelt
richtet Gott wie wir gerichtet.

Freude sprudelt in Pokalen,
in der Traube goldnem Blut
trinken Sanftmut Kannibalen,
Die Verzweiflung Heldenmut – –
Brüder fliegt von euren Sitzen,
wenn der volle Römer kraißt,
Laßt den Schaum zum Himmel sprützen:
Dieses Glas dem guten Geist.

별 무리가 찬양하고,
세라핌의 찬가가 칭송하는
성령에 이 잔을,
별 너머 천상에 계신 분께!

깊은 고뇌에는 강건함을
죄 없는 자가 눈물 흘리는 곳에 도움을
드높은 맹세에 영원함을
친구와 적에게 진실을
왕좌 앞에서는 용사의 기개를
형제여, 재물과 목숨을 걸고서라도
공적이 있는 자에게는 합당한 왕관을,
거짓 무리에게는 패망을!

성스러운 무리는 더 견고히 뭉쳐라
이 보혈에 대고 맹세하라.
언약에 충실하겠다고
별 너머 계신 심판자에게 맹세하라!

독재의 사슬로부터 구원을
악인에게도 관용을
임종의 침상에도 희망을
교수대에도 은혜를!

Den der Sterne Wirbel loben,
den des Seraphs Hymne preist,
Dieses Glas dem guten Geist,
überm Sternenzelt dort oben!

Festen Mut in schwerem Leiden,
Hülfe, wo die Unschuld weint,
Ewigkeit geschwornen Eiden,
Wahrheit gegen Freund und Feind,
Männerstolz vor Königstronen, -
Brüder, gält' es Gut und Blut -
Dem Verdienste seine Kronen,
Untergang der Lügenbrut!

Schließt den heilgen Zirkel dichter,
schwört bei diesem goldnen Wein:
Dem Gelübde treu zu sein,
schwört es bei dem Sternenrichter!

Rettung von Tirannenketten,
Großmut auch dem Bösewicht,
Hoffnung auf den Sterbebetten,
Gnade auf dem Hochgericht!

죽은 자도 깨우자!
형제여, 마시고 함께 노래하자
모든 죄인은 용서받고
지옥도 없어져야 한다.

이별의 순간도 밝게!
수의를 입고 단잠을!
형제여, 죽은 자들을 심판하는 자의 입에서도
너그러운 판결을!

Auch die Toden sollen leben!
Brüder trinkt und stimmet ein,
Allen Sündern soll vergeben,
und die Hölle nicht mehr seyn.

Eine heitre Abschiedsstunde!
süßen Schlaf im Leichentuch!
Brüder - einen sanften Spruch
Aus des Todtenrichters Munde!

세상의 분할

"세상을 받아라!" 천상에서 제우스가
인간을 향해 외쳤다. "받아라, 세상은 너희 것이니!
너희에게 유산과 영원한 봉토로 이것을 선사하니
부디 형제처럼 서로 나누어라!"

그러자 손 가진 자들은 서둘러 일어나서
젊은이나 늙은이나 챙기기 바빴다.
농부는 들판으로 달려가 과일을 붙잡았고
젊은 귀족은 숲을 헤집으며 사냥했다.

상인은 그의 창고를 가득 채우고
수도원장은 오래 묵은 값진 포도주를 선택하고,
왕은 다리와 길들을 차단하고
공표했다. "수확의 십분의 일은 내 것이다."

분할이 끝난 지 오랜 후에
시인이 왔다, 아주 멀리에서.
아! 사방을 둘러보아도 볼 수 있는 게 없었으니,
모든 것은 다 주인이 있었지!

Die Teilung der Erde

"Nehmt hin die Welt!" rief Zeus von seinen Höhen
Den Menschen zu. "Nehmt, sie soll euer sein!
Euch schenk ich sie zum Erb und ewgen Lehen –
Doch teilt euch brüderlich darein!"

Da eilt', was Hände hat, sich einzurichten,
Es regte sich geschäftig jung und alt.
Der Ackermann griff nach des Feldes Früchten,
Der Junker birschte durch den Wald.

Der Kaufmann nimmt, was seine Speicher fassen,
Der Abt wählt sich den edeln Firnewein,
Der König sperrt die Brücken und die Straßen
Und sprach: "Der Zehente ist mein."

Ganz spät, nachdem die Teilung längst geschehen,
Naht der Poet, er kam aus weiter Fern –
Ach! da war überall nichts mehr zu sehen,
Und alles hatte seinen Herrn!

"슬프다! 어찌 나만이 모두로부터
잊혔는가, 당신의 가장 충실한 아들인 내가?"
그는 소리 높여 한탄하며
제우스의 옥좌 앞에 엎드렸다.

"꿈의 나라에서 시간을 흘려보낸 너는
내게 불평하지 말라" 신이 나무랐다.
"세상을 모두 나누어 가질 때 너는 어디 있었느냐?"
"저는 당신 곁에 있었지요." 시인은 말했다.

"저의 눈은 당신의 용안을 우러르고,
저의 귀는 당신의 거룩한 음성에 향해 있었습니다.
당신의 빛에 취하여
지상의 것을 잃어버린 정신을 용서하소서!"

"어찌할까?" 제우스가 말했다. "세상을 이미 넘겨버렸으니
가을도 사냥도 시장터도 더는 내 것이 아니니,
나와 함께 천상에서 살고자 하면
네 올 때마다 하늘 문은 네게 열려 있으리라."

"Weh mir! So soll denn ich allein von allen
Vergessen sein, ich, dein getreuster Sohn?"
So ließ er laut der Klage Ruf erschallen
Und warf sich hin vor Jovis Thron.

"Wenn du im Land der Träume dich verweilet",
Versetzt der Gott, "so hadre nicht mit mir.
Wo warst du denn, als man die Welt geteilet?"
"Ich war", sprach der Poet, "bei dir."

"Mein Auge hing an deinem Angesichte,
An deines Himmels Harmonie mein Ohr -
Verzeih dem Geiste, der, von deinem Lichte
Berauscht, das Irdische verlor!"

"Was tun?" spricht Zeus, "die Welt ist weggegeben,
Der Herbst, die Jagd, der Markt ist nicht mehr mein.
Willst du in meinem Himmel mit mir leben -
So oft du kommst, er soll dir offen sein."

프리드리히 횔덜린

Friedrich Hölderlin (1770-1843)

궁핍한 시대에 시인은 무엇을 위해 존재하는가?"라는 질문을 횔덜린은 「빵과 포도주」에서 던지면서 '시인은 성스러운 밤에 이 나라에서 저 나라로 부름을 받아가는 주신(酒神)의 성스러운 사제같다'고 말한다. 신들이 사라져버린 "세계의 밤"에도 고난과 고독을 감내하며, 사람들에게 보다 높고 밝은 삶을 일깨우며 고결한 혼을 불어넣는 게 시인의 사명이라고 보았다.

휠덜린은 신학을 공부한 후 가정교사를 하면서 은행가의 여주인과 운명적인 사랑을 했지만 그녀의 이른 죽음에 큰 충격을 받고 정신착란으로 남은 생을 옥탑방에 갇혀서 지내야 했다. 하이데거가 "시인 중의 시인"이라 칭송했던 시인, 릴케와 첼란이 모범으로 삼았던 휠덜린은 신과 인간이 조화로웠던 시절에 대한 성스러운 기억을 전달하고자 했다. 「히페리온 운명의 노래」는 신과 인간의 영역, 신의 맑고 밝은 복된 세계와 시간의 노예가 되어 어디에도 머무를 곳 없이 떠도는 인간의 궁핍함을 표현하고 있다. 「반평생」에서는 하늘과 땅, 신적인 것과 인간적인 것, 영원한 것과 무상한 것이 서로 대비되면서 시인이 생각하는 시의 이상이 드러난다. 장미와 백조는 시인이 사랑하는 것, 순수성을 상징한다.

운명의 여신들에게

그대 막강한 여신들이여! 내 노래 무르익도록
가을 한 철만이라도 허락하소서,
그리하면 감미로운 유희에 흠뻑 젖은
내 마음이 흔쾌히 떠나가리.

살면서 그대의 신성한 힘을 알지 못하는 영혼은
저 깊은 구천에서도 편히 쉬지 못하리.
허나 내 마음에 깃든 성스러움이
언젠가 내게서 시가 되어 나타나리라.

오, 저승의 정적이여, 그때는 내 기꺼이 맞으리라!
나의 현금이 나를 동반하지 않을지라도
만족하리라. 한번
신처럼 살았으니 무엇을 더 바라겠는가.

An die Parzen

Nur Einen Sommer gönnt, ihr Gewaltigen!
Und einen Herbst zu reifem Gesange mir,
Daß williger mein Herz, vom süßen
Spiele gesättiget, dann mir sterbe.

Die Seele, der im Leben ihr göttlich Recht
Nicht ward, sie ruht auch drunten im Orkus nicht;
Doch ist mir einst das Heil'ge, das am
Herzen mir liegt, das Gedicht, gelungen,

Willkommen dann, o Stille der Schattenwelt!
Zufrieden bin ich, wenn auch mein Saitenspiel
Mich nicht hinab geleitet; Einmal
Lebt ich, wie Götter, und mehr bedarfs nicht.

독일인들에게

목마에 앉아 채찍과 박차를 휘두르며
용감하고 위대한 척 빼기는 어린아이를 조롱하지 말라.
그대 독일인이여, 그대 역시
생각은 많으나 행동은 없기 때문이다.

먹구름 뚫고 햇살 비추듯, 생각으로부터
행동이 솟아나기라도 하는가?
책들이 곧 살아나기라도 하는가?
오 그대 사랑하는 이들이여, 나의 뜻을 받아들이라
그리하면 나의 비방을 참회하리라.

An die Deutschen

Spottet ja nicht des Kinds, wenn es mit Peitsch und Sporn
Auf dem Rosse von Holz mutig und groß sich dünkt,
Denn, ihr Deutschen, auch ihr seid
Tatenarm und gedankenvoll.

Oder kommt, wie der Strahl aus dem Gewölke kommt,
Aus Gedanken die Tat?
Leben die Bücher bald?
O ihr Lieben, so nehmt mich,
Daß ich büße die Lästerung.

소크라테스와 알키비아데스

"거룩한 소크라테스여, 어찌 그대는
이 젊은이를 늘 칭송하는가?
그대는 더 위대한 것을 알지 못하는가?
어찌 신들을 대하듯 경배의 눈길로
그를 바라보는가?"

가장 심오한 것을 생각하는 자는 가장 생동하는 것을 사랑하고
세상을 통찰하는 자는 드높은 젊음을 이해하며
현명한 자는 결국
아름다움에 마음 기울이게 되지.

Sokrates und Alcibiades

"Warum huldigest du, heiliger Sokrates,
Diesem Jünglinge stets?
kennest du Größers nicht?
Warum siehet mit Liebe,
Wie auf Götter, dein Aug' auf ihn?"

Wer das Tiefste gedacht, liebt das Lebendigste,
Hohe Jugend versteht, wer in die Welt geblickt,
Und es neigen die Weisen
Oft am Ende zu Schönem sich.

반평생

누렇게 익은 배들 매달리고
들장미 가득한
뭍이 호수에 드리운다.
너희 고결한 백조들아,
입맞춤에 취해
성스럽게 고요한 물속으로
너희 머리를 담그는구나.

슬프다, 겨울이 되면
어디서 꽃을 얻고, 어디서
햇살과
대지의 그림자를 찾을까?
담벼락은 말없이
뻣뻣이 서 있고, 바람결에
깃발만 펄럭이구나.

Hälfte des Lebens

Mit gelben Birnen hänget
Und voll mit wilden Rosen
Das Land in den See,
Ihr holden Schwäne,
Und trunken von Küssen
Tunkt ihr das Haupt
Ins heilignüchterne Wasser.

Weh mir, wo nehm' ich, wenn
Es Winter ist, die Blumen, und wo
Den Sonnenschein,
Und Schatten der Erde?
Die Mauern stehn
Sprachlos und kalt, im Winde
Klirren die Fahnen.

히페리온 운명의 노래

그대들, 천상의 빛을 받으며
부드러운 대지를 거니는, 복된 정령들이여!
빛나는 신들의 입김이
그대들을 가볍게 스치니,
여류 예술가의 손가락이
성스러운 현을 타는 듯하다.

잠든 젖먹이처럼 운명에서 해방되어
천상의 존재들은 숨 쉰다.
소박한 꽃봉오리 속에
수줍은 듯 싸였다가
그들의 정신은
영원히 피어난다.
하여 복된 눈동자는
고요하며 꺼지지 않는
빛을 발하며 반짝인다.

허나 우리는
어디에도 쉴 곳 없으니

Hyperions Schicksalslied

Ihr wandelt droben im Licht
Auf weichem Boden, selige Genien!
Glänzende Götterlüfte
Rühren euch leicht,
Wie die Finger der Künstlerin
Heilige Saiten.

Schicksallos, wie der schlafende
Säugling, atmen die Himmlischen;
Keusch bewahrt
In bescheidener Knospe,
Blühet ewig
Ihnen der Geist,
Und die seligen Augen
Blicken in stiller
Ewiger Klarheit.

Doch uns ist gegeben,
Auf keiner Stätte zu ruhn,

고뇌하는 인간들
넋을 잃고
이 시간에서 저 시간으로
추락하며 사라진다.
암벽에서 암벽으로
내던져지는 폭포수처럼
긴 세월 막연함 속으로.

Es schwinden, es fallen
Die leidenden Menschen
Blindlings von einer
Stunde zur andern,
Wie Wasser von Klippe
Zu Klippe geworfen,
Jahr lang ins Ungewisse hinab.

빌헬름 뮐러

Wilhelm Müller (1794-1827)

뮐러는 스물한 살 때 일기에 자신의 시가 노래로 작곡되었으면 좋겠다는 소망을 적고 있다. "나는 악기를 연주할 줄도 노래를 부를 줄도 모른다. 그러나 내가 시를 짓는다면 그것은 노래를 부르는 것이면서 연주를 하는 것이다. 멜로디를 내 힘으로 붙일 수 있다면 나의 민요풍 시들이 지금보다 훨씬 더 멋질 것이다. 그러나 확신하건대 나의 시어에서 음률을 찾아 그것을 내게 되돌려줄, 나와 비슷한 영혼을 가진 사람이 분명 있을 것이다." 그가 기다리던, 그와 비슷한 영혼의 소유자가 바로 슈베르트였다. "그는 시가 소리를 내도록 그리고 음악이 말하도록 했다. 귀부인도 하녀도 아닌, 자매로서 시와 음악은 슈베르트의 무덤 위에서 포옹한다."는 그릴파르처의 글처럼 뮐러의 연작시들은 슈베르트 음악으로 날개를 달았다.

여기에 소개한 『겨울 나그네』는 1821년에 시작하여 1824년에 완성되었으며, 실연의 아픔으로 겨울 벌판을 정처 없이 헤매는 젊은이의 이야기이다. 한때 그에게도 사랑을 속삭이던 행복한 시절이 있었다. 아름다운 꽃과 같이 피어나던 사랑은 가난한 방랑자의 현실을 견디지 못했다. 그는 방랑자 신세로 잠시 머물었던 마을을 떠나서 이제 추운 겨울, 살을 에는 찬바람을 맞으면서 사랑했던 사람을 잊기 위해 눈과 얼음의 차가운 세계로 길을 나선다. 고독한 길에서 그는 광기의 징후까지 보이고, 죽음을 원하지만 거부당한다. 그는 결국 아무도 들어주는 이 없는 추운 길거리에서 칠현금을 돌리고 있는 늙은 악사와 동무가 되어 차가운 겨울 거리를 헤맨다. 안락한 삶을 거부하고 무한한 것, 영원한 것에 대한 동경으로 방랑하는 낭만주의 예술가의 모습이 나그네에게 투영되어 있다.

안녕

나그네로 왔다가
나그네로 떠난다.
풍성한 꽃다발로 나를
맞았던 따스한 오월.
소녀는 사랑을 속삭였고
그 어머니는 결혼까지 말했다.
이제 세상은 침울하고
길은 눈으로 덮여있다.

나그네 길을
여유롭게 선택할 수 없구나.
이 캄캄한 어둠 속에서
나는 길을 찾아 나서야 한다.
길동무되어 함께 나서는
달그림자.
하얗게 눈 덮인 벌판에서
나는 야생의 발자국을 따라간다.

등 떠밀려 나갈 때까지
머무를 필요 있는가?

Gute Nacht

Fremd bin ich eingezogen,
Fremd zieh' ich wieder aus.
Der Mai war mir gewogen
Mit manchem Blumenstrauß.
Das Mädchen sprach von Liebe,
Die Mutter gar von Eh' –
Nun ist die Welt so trübe,
Der Weg gehüllt in Schnee.

Ich kann zu meiner Reisen
Nicht wählen mit der Zeit:
Muss selbst den Weg mir weisen
In dieser Dunkelheit.
Es zieht ein Mondenschatten
Als mein Gefährte mit,
Und auf den weißen Matten
Such' ich des Wildes Tritt.

Was soll ich länger weilen,
Bis man mich trieb' hinaus?

길 잃은 개들아
주인집 앞에서 실컷 짖으려무나!
사랑은 방랑을 좋아해 -
정처 없이 떠돌도록
조물주가 정하셨지 -
어여쁜 내 사랑, 안녕!

그대의 꿈을 방해하고 싶지 않아,
그대의 단잠을 깨우고 싶지 않아,
발걸음 들리지 않도록 -
살며시, 살며시 문을 닫는다!
아쉬운 발걸음에 "안녕"이라고
방문에 적어 놓는다.
그대 향한 나의 마음을
알아주길 바라며.

Lass irre Hunde heulen
Vor ihres Herren Haus!
Die Liebe liebt das Wandern, –
Gott hat sie so gemacht –
Von Einem zu dem Andern –
Fein Liebchen, Gute Nacht!

Will dich im Traum nicht stören,
Wär' Schad' um deine Ruh',
Sollst meinen Tritt nicht hören –
Sacht, sacht die Türe zu!
Ich schreibe nur im Gehen
Ans Tor noch gute Nacht,
Damit du mögest sehen,
Ich hab' an dich gedacht.

보리수

성문 앞 샘물 옆
보리스 한그루,
그 그늘 아래에서
나는 숱한 사랑의 꿈을 꾸었다.

수많은 사랑의 말들을
보리수 껍질에 새겼다.
기쁠 때나 슬플 때나
나의 발길을 이끈 보리수.

오늘 이 깊은 밤에도
그 앞을 지나가야 한다.
캄캄한 밤이지만
나는 두 눈을 감았다.

살랑거리는 나뭇가지들이
나를 부르는 듯 하다.
이리 오게, 친구여,
그대 쉴 곳은 여기라네!

Der Lindenbaum

Am Brunnen vor dem Thore
Da steht ein Lindenbaum:
Ich träumt' in seinem Schatten
So manchen süßen Traum.

Ich schnitt in seine Rinde
So manches liebe Wort;
Es zog in Freud und Leide
Zu ihm mich immer fort.

Ich mußt' auch heute wandern
Vorbei in tiefer Nacht,
Da hab' ich noch im Dunkel
Die Augen zugemacht.

Und seine Zweige rauschten,
Als riefen sie mir zu:
Komm her zu mir, Geselle,
Hier findst Du Deine Ruh'!

찬 바람이
얼굴을 세차게 때리고
모자가 날아가도
나는 돌아보지 않았다.

지나온 지
한참이 되었건만
귓전에 여전히 울린다.
친구여, 그대 쉴 곳은 여기라네!

Die kalten Winde bliesen
Mir grad' in's Angesicht;
Der Hut flog mir vom Kopfe,
Ich wendete mich nicht.

Nun bin ich manche Stunde
Entfernt von jenem Ort,
Und immer hör' ich's rauschen:
Du fändest Ruhe dort!

거리의 악사

저 너머 마을 뒤편
거리의 악사,
꽁꽁 언 손가락으로
손풍금을 힘들게 돌린다.

맨발로 얼음 위에
동동거리지만
그의 조그만 접시는
여전히 텅 비어있다.

들어주는 사람 없고
쳐다보는 사람 없다.
개들만 노인의 주위를 돌며
으르렁거린다.

그래도 모든 것에 개의치 않고
손풍금을 돌리는 노인,
그의 악기는
멈추지 않는다.

놀라운 어르신
내가 당신과 함께 갈까요?
내 노래에
손풍금 반주를 해주지 않을래요?

Der Leiermann

Drüben hinter'm Dorfe
Steht ein Leiermann,
Und mit starren Fingern
Dreht er was er kann.

Barfuss auf dem Eise
Schwankt er hin und her;
Und sein kleiner Teller
Bleibt ihm immer leer.

Keiner mag ihn hören,
Keiner sieht ihn an;
Und die Hunde knurren
Um den alten Mann.

Und er lässt es gehen
Alles, wie es will,
Dreht, und seine Leier
Steht ihm nimmer still.

Wunderlicher Alter,
Soll ich mit dir geh'n?
Willst zu meinen Liedern
Deine Leier dreh'n?

노발리스

Novalis Friedrich von Hardenberg (1772-1801)

'세계를 낭만화하라'는 바이저의 말은 저속한 현실 세계와는 질적으로 다른 세계를 창조하려했던 낭만주의 문학의 목표를 보여준다. 낭만주의자들에게 '시적인 것'이란 무의미한 현실을 초월해 이상세계를 상상하고 그리며 유희하는 것이었다. 무한한 것, 도달할 수 없는 신비로운 것, 근원적인 것에 대한 낭만주의의 무한 추구는 노발리스의 『하인리히 폰 오프터딩엔』(1802)의 "푸른 꽃"으로 상징된다. 13세기 초 전설적인 기사 시인 하인리히를 소재로 노발리스는 증오와 야만의 시대가 아닌, 삶과 죽음의 경계가 허물어진 '낭만적 귀향'을 이상적으로 그리고 있다. 지상의 순례지를 떠도는 하인리히가 현실 세계에서는 진정한 귀향을 이룰 수 없음을 보여주기도 한다. 경계가 없는 무한한 세계에 대한 시인의 갈망은 '밤'의 세계로 향한다.

「밤의 찬가」에서 '밤'은 삶과 죽음의 경계를 허무는 통합의 시간이며 공간이다. 연인이었던 조피 폰 퀸의 죽음이 시의 탄생 배경이지만, 조피에 대한 사랑이 '밤'이라는 시공을 통해서 합일과 완전성의 회복이라는 종교적 체험으로 승화된다. 시는 "살아있는 자, 감성을 지닌 자로서 그를 에워싸는 저 광활한 우주의 온갖 경이로운 현상을 보고, 희열에 가득찬 저 빛을 사랑하지 않을 자, 그 누구랴?"하는 빛의 찬양으로 시작한다. 하지만 곧 "나는 홀로 말로 표현할 수 없을 만큼 성스럽고 신비로운 밤의 세계로 향한다. 저 아래 깊은 동굴 속엔 한 세계가 잠겨 있다"로 전개되며 신비로운 밤의 세계에 대한 찬사로 이어진다. "푸른 꽃, 그의 노래는 어두운 고통의 집에서 영원하리라"는 트라클의 노발리스에게 바치는 시처럼 노발리스의 시문학은 경계가 허물어진 합일의 세계에 대한 갈망을 포기하지 않는다.

수많은 그림 속에서 당신을 봅니다

수많은 그림 속에서 당신을 봅니다
마리아, 사랑스럽게 그려진 당신을.
하지만 내 영혼이 당신을 보듯
당신을 묘사한 그림은 하나도 없습니다.

내가 알고 있는 것은 내 영혼이 당신을 마주한 이래
세상의 소동은 꿈처럼 사라지고
형언할 수 없이 감미로운 천국이
내 마음에 영원히 깃들었다는 것입니다.

Ich sehe dich in tausend Bildern

Ich sehe dich in tausend Bildern,
Maria, lieblich ausgedrückt,
Doch keins von allen kann dich schildern,
Wie meine Seele dich erblickt.

Ich weiß nur, daß der Welt Getümmel
Seitdem mir wie ein Traum verweht,
Und ein unnennbar süßer Himmel
Mir ewig im Gemüthe steht.

밤의 찬가

성스러운, 표현할 수 없는 신비로운 밤으로 나는 돌아선다. 저 멀리 아래 세상, 깊은 무덤 속에 잠긴 듯하다! 그곳은 얼마나 황량하고 쓸쓸한가. 깊은 애수가 심금을 울린다. 이슬방울 속으로 굴러 들어가서 재와 섞이고 싶다. 아득한 추억, 청춘의 소망, 어린 시절의 꿈, 질긴 삶의 짧은 기쁨, 그리고 헛된 희망들이 잿빛 옷을 걸치고 해가 진 뒤의 밤안개처럼 찾아온다. 다른 공간에서 흥겨운 장막을 치던 빛. 그 빛은 순진무구한 믿음으로 기다리는 그의 자녀들에게 다시 오지 않으려나?

가슴 깊숙한 곳에서 예감한 듯 단숨에 솟구쳐올라 애수의 부드러운 숨결을 삼키는 것은 무엇인가? 그대도 우리에게 기쁨을 주려는가, 어두운 밤이여? 그대가 외투 속에 간직한 것, 남몰래 내 영혼을 뒤흔드는 그것은 무엇인가? 고귀한 향유가 그대 손에서, 양귀비 다발에서 방울져 내린다. 그대가 마음의 묵직한 나래를 펼치니, 우리는 은밀히 말없이 설렌다. 나를 향해오는 부드럽고 경건한 모습, 행복한 어린 시절을 떠올리는 어머니의 한결같이 자애로운 모습을 한 그대의 근엄한 용모를 나는 기쁨과 놀라움으로 맞이한다. 이제 빛이 내게 얼마나 초라하고 유치한지, 낮과의 작별이 얼마나 즐겁고 축복스러운가를 느낀다. (「밤의 찬가」 일부)

Hymnen an die Nacht

Abwärts wend ich mich zu der heiligen, unaussprechlichen, geheimnisvollen Nacht. Fernab liegt die Welt - in eine tiefe Gruft versenkt - wüst und einsam ist ihre Stelle. In den Saiten der Brust weht tiefe Wehmut. In Tautropfen will ich hinuntersinken und mit der Asche mich vermischen. - Fernen der Erinnerung, Wünsche der Jugend, der Kindheit Träume, des ganzen langen Lebens kurze Freuden und vergebliche Hoffnungen kommen in grauen Kleidern, wie Abendnebel nach der Sonne Untergang. In andern Räumen schlug die lustigen Gezelte das Licht auf. Sollte es nie zu seinen Kindern wiederkommen, die mit der Unschuld Glauben seiner harren?

Was quillt auf einmal so ahndungsvoll unterm Herzen, und verschluckt der Wehmut weiche Luft? Hast auch du ein Gefallen an uns, dunkle Nacht? Was hältst du unter deinem Mantel, das mir unsichtbar kräftig an die Seele geht? Köstlicher Balsam träuft aus deiner Hand, aus dem Bündel Mohn. Die schweren Flügel des Gemüts hebst du empor. Dunkel und unaussprechlich fühlen wir uns bewegt - ein ernstes Antlitz seh ich froh erschrocken, das sanft und andachtsvoll sich zu mir neigt, und unter unendlich verschlungenen Locken der Mutter liebe Jugend zeigt. Wie arm und kindisch dünkt mir das Licht nun - wie erfreulich und gesegnet des Tages Abschied.

요셉 폰 아이헨도르프

Joseph von Eichendorff (1788-1857)

후기 낭만주의 대표 시인 아이헨도르프는 단순하고 소박한 시적 표현으로 시의 순수성을 전달한다. 민요로부터 영향을 받은 간결하고 소박한 격조와 운율을 지닌 시들은 여러 작곡가의 손에서 가곡으로 탄생했다.

「땅거미 질 때」는 그의 첫 소설이며 청년의 정신적 성장을 주제로 한 『예감과 현재』에 담긴 시이다. 소설에서 고향을 향한 동경이 신에게 귀의하여 신에 대한 헌신으로 충족되는 주인공의 이야기는 시인의 삶을 반영한다. 시에서는 황혼의 신비로운 다양성이 사랑의 위험성과 우정의 불안함에 대한 비유로 그려진다. 낮에서 밤으로 넘어가는 시간에 설명할 수 없는 불안이 자라나는데, 이 불안은 자연에 투영된다. 화자는 상실에 이를 수 있는 위험에 직면하여 깨어있기를 당부한다. 「달밤」은 낭만주의 문학의 핵심 주제인 동경을 표현하고 있다. 달은 낭만주의 문학에서 도달할 수 없는 것에 대한 동경의 모티브이다. 시에서 동경의 궁극적인 목표는 구원으로서의 부활로 그려진다.

땅거미 질 때

황혼이 나래를 펴고
나무들은 으스스 몸을 떨고
구름은 힘겨운 꿈처럼 흘러간다.
이 잿빛 어스름은 무엇을 뜻할까?

무엇보다 소중한 노루가 네게 있다면
홀로 풀 뜯게 하지 마라.
사냥꾼들이 숲속을 돌아다니며 피리를 부니
그의 소리 여기저기 떠돈다.

여기 지상에서 네게 친구가 있다면
이 시각에는 그를 믿지 마라.
눈과 입은 다정하지만
평화를 가장하며 전쟁을 생각하리라.

오늘 지쳐 몰락하는 것
내일 새롭게 태어나 서리라.
많은 것이 밤엔 쓰러져있을 뿐이니.
생생히 깨어서 너를 지키라!

Zwielicht

Dämmrung will die Flügel spreiten,
Schaurig rühren sich die Bäume,
Wolken zieh'n wie schwere Träume –
Was will dieses Grau´n bedeuten?

Hast ein Reh du lieb vor andern,
Laß es nicht alleine grasen,
Jäger zieh'n im Wald' und blasen,
Stimmen hin und wider wandern.

Hast du einen Freund hienieden,
Trau ihm nicht zu dieser Stunde,
Freundlich wohl mit Aug' und Munde,
Sinnt er Krieg im tück'schen Frieden.

Was heut müde gehet unter,
Hebt sich morgen neu geboren.
Manches bleibt in Nacht verloren –
Hüte dich, bleib' wach und munter!

달밤

하늘이 마치 대지에
살며시 입 맞추는 양
대지는 꽃빛에
하늘 꿈을 꾸는 듯하였다.

들녘에 바람이 스치고
이삭들이 부드럽게 물결치며
수풀은 나직하게 술렁거리는
별빛 가득한 밤이었다.

하여 내 영혼은
나래를 활짝 펼치고
고향 집으로 향하듯
고요한 대지를 날아올랐다.

Mondnacht

Es war, als hätt' der Himmel
Die Erde still geküßt,
Daß sie im Blütenschimmer
Von ihm nun träumen müßt'.

Die Luft ging durch die Felder,
Die Ähren wogten sacht,
Es rauschten leis' die Wälder,
So sternklar war die Nacht.

Und meine Seele spannte
Weit ihre Flügel aus,
Flog durch die stillen Lande,
Als flöge sie nach Haus.

마법 지팡이

사물마다 노래 하나 잠들어 있어
사물은 꿈꾸고 꿈꾼다.
네가 마법의 말을 건드리기만 하면
세상은 노래하기 시작한다.

Wünschelrute

Schläft ein Lied in allen Dingen,
Die da träumen fort und fort,
Und die Welt hebt an zu singen,
Triffst du nur das Zauberwort.

하인리히 하이네

Heinrich Heine (1797-1856)

독일 뒤셀도르프의 가난한 유대인 가정에서 태어난 하이네는 부호인 숙부의 도움을 받아서 법학을 공부할 수 있었다. 그의 혁명적 장편 서사시 『독일, 겨울 동화』(1844)는 시대에 뒤처져 여전히 고루하고 편협한 독일 사회에 대한 한탄과 변화를 촉구하는 그의 목소리를 담고 있다. 하이네는 낭만주의와 고전주의 전통을 잇는 서정 시인인 동시에 반전통적, 혁명적 저널리스트이며 시인이었다. 나치 치하에서 분서의 재난을 당하기도 하였으나, 2차 세계대전 후에는 자유를 위한 투사 같은 그의 열정이 높이 평가받고, 그의 많은 시작품은 작곡되어 애창되고 있다.

“사람들이 훗날 언젠가 내 관을 월계관으로 장식해 주게 될지 나는 정말로 알지 못한다. [...] 나는 시인으로서의 명성에 결코 큰 의미를 부여한 적이 없고 또한 사람들이 내 노래를 칭송하든 타박하든 전혀 개의치 않았다. 하지만 당신들은 내 관 위에 칼 하나는 놓아 주어야 할 것이다. 나는 인류의 해방전쟁에서 용감한 전사였으니 말이다.”로 대변되는 하이네의 자유를 향한 염원은 소개하는 시에서도 나타난다. 1844년의 직조공 봉기를 소재로 한 「슐레지엔의 직조공」은 응답 없는 신, 부자들을 위한 왕, 불의가 판치는 조국을 비판하면서 민중의 정치적, 사회적 해방을 부르짖고 있다. 「로렐라이」는 실연의 아픔에 대한 노래로, 또는 사회현실을 도외시하는 이상주의자들에 대한 비판으로 읽힐 수 있겠다. 「아름다운 오월」 은 화자의 내적 감정을 외적 자연 묘사로 드러내는데 약간은 과장스런 단어들을 통해서 화자의 벅찬 감정을 표현하고 있다.

슐레지엔의 직조공

눈물도 마른 침침한 눈으로
그들은 베틀에 앉아 이를 간다.
독일이여, 우리는 너의 수의를 짠다.
우리는 거기에 세 겹의 저주를 짜 넣는다 -
우리는 옷감을 짠다, 우리는 옷감을 짠다!

첫 번째 저주는 신에게, 매서운 추위와
굶주림 속에서 우리는 그에게 간구했다.
우리는 헛되이 바라고 기다렸다.
그는 우리를 놀리고 조롱하고 바보 취급했다. -
우리는 옷감을 짠다, 우리는 옷감을 짠다!

두 번째 저주는 왕에게, 부자들의 왕에게,
우리의 궁핍함을 아랑곳하지 않고
마지막 한 푼까지 우리에게서 강탈하고,
우리를 개처럼 쏴 죽인다 -
우리는 옷감을 짠다, 우리는 옷감을 짠다!

Die schlesischen Weber

Im düstern Auge keine Träne,
Sie sitzen am Webstuhl und fletschen die Zähne:
Deutschland, wir weben dein Leichentuch,
Wir weben hinein den dreifachen Fluch –
Wir weben, wir weben!

Ein Fluch dem Gotte, zu dem wir gebeten
In Winterskälte und Hungersnöten;
Wir haben vergebens gehofft und geharrt,
Er hat uns geäfft und gefoppt und genarrt –
Wir weben, wir weben!

Ein Fluch dem König, dem König der Reichen,
Den unser Elend nicht konnte erweichen,
Der den letzten Groschen von uns erpreßt
Und uns wie Hunde erschießen läßt –
Wir weben, wir weben!

세 번째 저주는 그릇된 조국에게,
수치와 치욕만이 판을 치고,
모든 꽃은 피기도 전에 꺾이며,
부패와 곰팡이가 벌레들을 살찌운다 -
우리는 옷감을 짠다, 우리는 옷감을 짠다!

방추는 나는 듯이 돌고, 베틀은 삐거덕거리며,
우리는 밤낮으로 쉼 없이 옷감을 짠다 -
늙은 독일이여, 우리는 너의 수의를 짠다,
우리는 거기에 세 겹의 저주를 짜 넣는다,
우리는 옷감을 짠다, 우리는 옷감을 짠다!

Ein Fluch dem falschen Vaterlande,
Wo nur gedeihen Schmach und Schande,
Wo jede Blume früh geknickt,
Wo Fäulnis und Moder den Wurm erquickt –
Wir weben, wir weben!

Das Schiffchen fliegt, der Webstuhl kracht,
Wir weben emsig Tag und Nacht –
Altdeutschland, wir weben dein Leichentuch,
Wir weben hinein den dreifachen Fluch,
Wir weben, wir weben!

로렐라이

내 마음이 슬퍼지는 건
무슨 연유인가.
옛 동화 하나가
마음에서 떠나지 않는다.

싸늘한 해질녘
고요히 흐르는 라인강.
저녁 노을에 잠긴
산꼭대기는 눈부시다.

저 건너 언덕 위
눈부시게 아름다운 소녀.
반짝이는 금빛 장신구를 하고
황금빛 머리칼을 빗고 있다.

황금 빗으로 머리 빗으며
노래를 부른다.
기이하게 강렬한
선율의 노래를.

Die Lore-Ley

Ich weiß nicht, was soll es bedeuten,
dass ich so traurig bin;
ein Märchen aus alten Zeiten,
das kommt mir nicht aus dem Sinn.

Die Luft ist kühl und es dunkelt,
und ruhig fließt der Rhein;
der Gipfel des Berges funkelt
im Abendsonnenschein.

Die schönste Jungfrau sitzet
dort oben wunderbar;
ihr goldnes Geschmeide blitzet,
sie kämmt ihr goldenes Haar.

Sie kämmt es mit goldenem Kamme
und singt ein Lied dabei;
das hat eine wundersame,
gewaltige Melodei.

작은 배에 탄 뱃사공은
걷잡을 수 없는 애수에 사로잡혀
암초는 바라보지 않고
언덕 위만 바라본다.

물살이 결국 작은 배와 함께
뱃사공을 삼켜 버릴 것이다.
로렐라이가
노래로 행한 일이다.

Den Schiffer im kleinen Schiffe
ergreift es mit wildem Weh;
er schaut nicht die Felsenriffe,
er schaut nur hinauf in die Höh.

Ich glaube, die Wellen verschlingen
am Ende Schiffer und Kahn;
und das hat mit ihrem Singen
die Lore-Ley getan.

참으로 아름다운 5월

참으로 아름다운 5월
모든 꽃봉오리 피어날 때
내 마음에도
사랑이 꽃피었네.

참으로 아름다운 5월
모든 새들이 노래할 때
그녀에게 고백했네
나의 그리움과 갈망을.

Im wunderschönen Monat Mai

Im wunderschönen Monat Mai,
Als alle Knospen sprangen,
Da ist in meinem Herzen
Die Liebe aufgegangen.

Im wunderschönen Monat Mai,
Als alle Vögel sangen,
Da hab ich ihr gestanden
Mein Sehnen und Verlangen.

그들은 둘러앉아 차를 마시며

사랑에 관한 허다한 이야기를 털어놓는다.
신사들은 멋진 풍채
숙녀들은 섬세한 감성을 가졌다.

사랑은 정신적이어야 합니다
비쩍 마른 궁중고문관이 말했다.
그의 부인이 냉소 띤 미소를 보이며
아! 하고 한숨 짓는다.

교회 장로가 엄숙히 입을 연다.
사랑은 너무 거칠어서는 안돼요
그러면 건강을 해치게 됩니다
어째서요? 한 아가씨가 나직이 중얼거린다.

백작부인이 애수에 찬 목소리로 말한다.
사랑은 고뇌에요!
그리고 남작에게 다정히
찻잔을 건넨다.

찻상에 아직 한 자리가 비었다.
내 사랑, 그대가 빠졌구나.
네 사랑을 놀랍도록 멋지게
이야기했을 내 연인아.

Sie saßen und tranken am Teetisch,

Und sprachen von Liebe viel.
Die Herren waren ästhetisch,
Die Damen von zartem Gefühl.

Die Liebe muß sein platonisch,
Der dürre Hofrat sprach.
Die Hofrätin lächelt ironisch,
Und dennoch seufzet sie: Ach!

Der Domherr öffnet den Mund weit:
Die Liebe sei nicht zu roh,
Sie schadet sonst der Gesundheit.
Das Fräulein lispelt: Wie so?

Die Gräfin spricht wehmütig:
Die Liebe ist eine Passion!
Und präsentieret gütig
Die Tasse dem Herrn Baron.

Am Tische war noch ein Plätzchen;
Mein Liebchen, da hast du gefehlt.
Du hättest so hübsch, mein Schätzchen,
Von deiner Liebe erzählt.

소녀가 바닷가에 서서

소녀가 바닷가에 서서
불안한 긴 한숨을 쉬었다.
해지는 광경에
그녀는 그렇게 사로잡혔다.

소녀여! 힘내요,
오래된 이야기이죠,
앞에서 해는 지고 있지만
뒤에서 다시 떠오르고 있다오.

Das Fräulein stand am Meere

Das Fräulein stand am Meere
Und seufzte lang und bang,
Es rührte sie so sehre
Der Sonnenuntergang.

Mein Fräulein! sein Sie munter,
Das ist ein altes Stück;
Hier vorne geht sie unter
Und kehrt von hinten zurück.

내게도 한 때 아름다운 조국이 있었지

내게도 한 때 아름다운 조국이 있었지.
떡갈나무가
드높이 자라고, 제비꽃이 살랑거리는.
하지만 그것은 꿈이었다.

조국은 내게 독일식으로 입 맞추고 독일어로 말했지.
"나는 너를 사랑해!"
(믿을 수 없을 만큼 달콤하게 들렸지)
하지만 그것은 꿈이었다.

Ich hatte einst ein schönes Vaterland

Ich hatte einst ein schönes Vaterland.
Der Eichenbaum
wuchs dort so hoch, die Veilchen nickten sanft –
es war ein Traum.

Das küßte mich auf deutsch und sprach auf deutsch
(man glaubt es kaum
Wie gut es klang) das Wort : "Ich liebe dich!"
Es war ein Traum.

밤의 상념

한밤중 독일 생각이 나면
잠 못 들고 뒤척인다.
감을 수 없는 눈에서는
뜨거운 눈물이 흐른다.

세월은 무심히 흐르는구나!
어머니를 못 본 지
어느새 열두 해가 지났으니
그립고 보고픈 마음이 갈수록 커진다.

그리움과 보고픔이 이토록 짙어짐은
늙으신 어머니가 내게 마법을 걸었음인가.
언제나 그리운 어머니
주여, 저의 늙은 어머니를 보호하소서!

늙으신 어머니는 나를 무척 사랑했지.
어머니의 편지글을 보면
떨리는 손과
울고 있는 어머니의 마음이 보인다.

내 마음을 한시도 떠나지 않는 어머니,
어머니 품에 안겨본 지
열두 해 긴 시간
열두 해 긴 세월이 흘렀다.

Nachtgedanken

Denk ich an Deutschland in der Nacht,
Dann bin ich um den Schlaf gebracht,
Ich kann nicht mehr die Augen schließen,
Und meine heißen Tränen fließen.

Die Jahre kommen und vergehn!
Seit ich die Mutter nicht gesehn,
Zwölf Jahre sind schon hingegangen;
Es wächst mein Sehnen und Verlangen.

Mein Sehnen und Verlangen wächst.
Die alte Frau hat mich behext.
Ich denke immer an die alte,
Die alte Frau, die Gott erhalte!

Die alte Frau hat mich so lieb,
Und in den Briefen, die sie schrieb,
Seh ich, wie ihre Hand gezittert,
Wie tief das Mutterherz erschüttert.

Die Mutter liegt mir stets im Sinn.
Zwölf lange Jahre flossen hin,
Zwölf Jahre sind verflossen,
Seit ich sie nicht ans Herz geschlossen.

독일은 끝까지 살아남겠지
참 강한 나라야!
떡갈나무, 보리수가 있는 그 나라를
언젠가 다시 보겠지.

어머니가 계시지 않는
독일이라면 이리 그리워하지 않을텐데.
조국은 결코 파괴되지 않겠지만
늙으신 어머니는 돌아가시겠지.

그 나라를 떠난 이후
참으로 많은 이들이 거기 무덤에 묻혔다.
내가 사랑했던 이들, 죽어간 이들의 숫자를 세면
내 영혼에서 핏방울이 흐른다.

허나 세는 것을 멈춰서는 안 되니, 숫자와 함께
점점 더 커지는 나의 고통,
시신들이 내 가슴 위에서
이리저리 뒤척인 듯하다 - 고맙게도 그들이 떠난다!

고맙구나! 창문으로
비치는 활기찬 프랑스 햇살,
아침처럼 사랑스럽게 미소지으며
독일 걱정을 몰아내는 내 여인이구나.

Deutschland hat ewigen Bestand,
Es ist ein kerngesundes Land!
Mit seinen Eichen, seinen Linden
Werd ich es immer wiederfinden.

Nach Deutschland lechzt ich nicht so sehr,
Wenn nicht die Mutter dorten wär;
Das Vaterland wird nie verderben,
Jedoch die alte Frau kann sterben.

Seit ich das Land verlassen hab,
So viele sanken dort ins Grab,
Die ich geliebt - wenn ich sie zähle,
So will verbluten meine Seele.

Und zählen muß ich - Mit der Zahl
Schwillt immer höher meine Qual,
Mir ist, als wälzten sich die Leichen
Auf meine Brust - Gottlob! sie weichen!

Gottlob! durch meine Fenster bricht
Französisch heitres Tageslicht;
Es kommt mein Weib, schön wie der Morgen,
Und lächelt fort die deutschen Sorgen.

에두아르드 뫼리케

Eduard Mörike (1804-1875)

꿈과 현실 사이를 방황하는 예술가를 그린 소설 『화가 놀텐』은 뫼리케의 자전적 이야기이면서 그의 삶을 잘 보여준다. 뫼리케는 아름다운 향토에 뿌리박고 생활하면서 혼자만의 세계에서 평화를 누리지만 만족하지는 못했다. 행복은 일시적이며, 사랑도 영원하지 않다는 인식으로 일상과는 먼 혼자만의 세계로 도피하는 듯한 삶을 살았다. 「오 영혼이여 기억하오」는 생의 무상함에 대한 그의 생각을 드러낸다. 봄의 대표 시 「봄이라오」는 꿈에서 깨어나길 고대하는 제비꽃, 멀리서 들리는 하프음, 푸른 대지, 자연의 향기 등을 통해서 깨어나는 봄을 묘사한다. 자연의 아름다움을 담담하고 소박하게 묘사하는 뫼리케의 시에는 따스한 정감이 묻어있다. 그는 자연에 아름다움을 부여하는 게 아니라 자연의 아름다움을 발견하는 희열을 표현하고 있다. 음악성에서는 견줄 자가 없다는 말을 들을 만큼 그의 시들은 서정적인 운율로 충만하다.

봄이라오

봄은 그의 파란 리본을
대기 중에 또다시 흩날린다.
감미롭고 익숙한 향기가
친숙한 듯 대지를 어루만진다.

제비꽃은 빨리 피어나고 싶어
벌써 꿈꾸고 있다.
- 들어봐, 멀리서 들려오는 나직한 하프 음을!
봄, 정말 그대군요!
당신임을 나는 느끼고 있었다오!

Er ist's

Frühling lässt sein blaues Band
Wieder flattern durch die Lüfte;
Süße, wohl bekannte Düfte
Streifen ahnungsvoll das Land.

Veilchen träumen schon,
Wollen balde kommen.
– Horch, von fern ein leiser Harfenton!
Frühling, ja du bist's!
Dich hab' ich vernommen!

오 영혼이여, 기억하오!

어린 잣나무 한그루 숲속 어디선가 푸르른 것을
누가 알랴,
장미 한 그루 어느 정원에 피어나는지,
누가 말하랴,
하지만 이미 선택되어서,
오 영혼이여, 기억하오,
그대 무덤 위에 뿌리내리고
자라고 있는 것을.

초원에
풀 뜯고 있는 검은 망아지 둘,
활기찬 말발굽으로
도시로 돌아오겠지.
네 시신을 싣고
한발 한발 내딛으며.
어쩌면, 어쩌면
지금 내 눈에 반짝이는
발굽의
편자가 닳기도 전에!

Denk es, o Seele!

Ein Tännlein grünet wo,
Wer weiß, im Walde,
Ein Rosenstrauch, wer sagt,
In welchem Garten?
Sie sind erlesen schon,
Denk es, o Seele,
Auf deinem Grab zu wurzeln
Und zu wachsen.

Zwei schwarze Rößlein weiden
Auf der Wiese,
Sie kehren heim zur Stadt
In muntern Sprüngen.
Sie werden schrittweis gehn
Mit deiner Leiche;
Vielleicht, vielleicht noch eh
An ihren Hufen
Das Eisen los wird,
Das ich blitzen sehe!

프리드리히 헤벨

Friedrich Hebbel (1813-1863)

독일 북부 홀슈타인 지방의 작은 마을에서 미장이의 아들로 태어난 헤벨은 독학으로 문학과 철학을 공부했다. 빈 체류 시절 오스트리아의 여러 예술가로부터 경제적 후원을 받으면서 왕성한 문학 활동을 하고 극작가로서 성공을 거두었다. 자신처럼 가난한 삶을 살면서 사생아를 낳아 키우던 빈 국립극장 소속 배우 크리스티네 엥하우스와의 만남과 결혼은 헤벨에게 심리적인 안정감을 주었고, 침체해있던 그의 창작활동에 활력이 되었다. 첫 번째 비극 『유디트』가 베를린 초연에서 성공을 거두면서 헤벨은 극작가로 수많은 작품을 쓰고, 시와 소설 작품들과 시사 논평 그리고 '최상의 문학사적 기념비'라고 평가되는 28년간의 진솔한 삶의 고백인 일기를 남겼다.

「여름 풍경」은 여름 끝자락에서 장미의 만개와 꽃에 깃든 소멸을 표현하고 있다. 무덥고 바람 잔 늦여름, 시의 화자는 핏빛처럼 붉게 핀 장미 한 송이를 본다. 아름답게 피어난 장미꽃에서 이미 다가오는 소멸이 보인다. 나비의 고요한 날개짓에도 예민하게 반응하는 붉은 장미는 죽음을 향해가는 삶의 여정을 상징한다. 「가을풍경」은 과실나무가 있는 전원의 햇빛과 푸른 하늘을 담고 있다. 떨어지는 과실은 새싹을 띄울 씨앗을 품고 있기에 새롭게 태어날 나무에 대한 희망을 담고 있다. 그래서 이별도 축제가 될 수 있다. 많은 가을 시들이 조락과 상실을 다루지만, 헤벨의 시는 새싹이 돋고 꽃피우고 열매를 맺는 자연의 순환과정을 표현하면서 자연의 참모습을 보여준다.

여름 풍경

여름 끝자락에 피 흘리는 듯 붉게
핀 장미를 보았다.
소스라치듯 지나치며 말하지 않을 수 없었다.
인생의 절정은 죽음에 무척 가깝구나!

바람 한 점 없는 무더운 날,
하얀 나비 한 마리가 숨죽이며 날고 있었다.
그 날개짓이 대기를 깨우지도 않았건만
장미는 그걸 느끼고 지고 말았다.

Sommerbild

Ich sah des Sommers letzte Rose stehn,
Sie war, als ob sie bluten könne, rot;
Da sprach ich schauernd im Vorübergehn:
So weit im Leben, ist zu nah am Tod!

Es regte sich kein Hauch am heißen Tag,
Nur leise strich ein weißer Schmetterling;
Doch, ob auch kaum die Luft sein Flügelschlag
Bewegte, sie empfand es und verging.

가을 풍경

이런 가을날을 본 적이 있었던가!
모두 숨을 멈추고 있는 듯 대기는 고요한데
멀리서, 가까이서 들려오는
무르익은 열매들이 저마다 나무에서 떨어지는 소리.

오, 자연의 축제를 방해하지 마시오!
이것은 자연이 스스로 거두는 수확이니,
부드러운 햇살 받으며 떨어지는 것은
오늘 나뭇가지를 떠나는 것일 뿐이라오.

Herbstbild

Dies ist ein Herbsttag, wie ich keinen sah!
Die Luft ist still, als atmete man kaum,
Und dennoch fallen raschelnd, fern und nah,
Die schönsten Früchte ab von jedem Baum.

O stört sie nicht, die Feier der Natur!
Dies ist die Lese, die sie selber hält,
Denn heute löst sich von den Zweigen nur,
Was vor dem milden Strahl der Sonne fällt.

테오도르 슈토름

Theodor Storm (1817-1888)

시적 사실주의 대표 작가인 슈토름은 1852년까지 고향 후줌에서 변호사로 일하다가 덴마크가 고향을 점령하자 포츠담으로 이주했고, 이 시기부터 시를 통해 뜨거운 애국심을 표현했다. 1865년 다시 고향으로 돌아와서 연작 시집 『깊은 어둠』을 출간했고, 프러시아 점령하에서 행정관으로 일하며 많은 작품을 남겼다. 1888년에 마지막 작품이자 문학사상 가장 뛰어난 중편소설이라 불리는 『백마의 기수』를 발표했다. 그는 고향 후줌에서의 체험에 바탕을 둔 전원성을 토대로 세밀하고 웅장한 자연묘사를 통해서 내면의 비극적 정서를 드러내며 시적 사실주의를 완성했다는 평가를 받는다. 원숙기에는 사회, 종교, 계급 등 폭넓은 문제와 대면하며 인간의 본질과 운명을 작품화했다.

「하프 타는 소녀의 노래」는 소설 『임멘 호수』에서 남자 주인공 라인하르트를 향한 짚시 여인의 사랑 고백이며, 「엘리자베스」는 사랑하는 라인하르트 대신 어머니가 택한 사람과 결혼해야 했던 엘리자베스의 아픔을 담고 있다. 「녹색 나뭇잎 하나」는 산책길에 가져온 나뭇잎 하나가 나이팅게일 노래로 가득했던 여름날의 초록빛 숲에 대한 기억을 담고 있음을 간결하게 그린다.

외딴곳

참으로 고요하다, 따스한 한낮의
햇살로 가득한 들판,
붉은 장미빛이
오래된 묘석 주위를 맴돈다.
들꽃이 만발하고, 들의 향기가
푸른 여름 하늘로 피어오른다.

황금빛 갑옷 두른
딱정벌레가 덤불 속으로 서둘러 기어들고,
벌들은 방울꽃 가지마다
방울방울 매달려있고,
새들은 풀숲에서 날아오르고,
대기는 종달새 노래로 가득하다.

여기 외따로 햇빛에 감싸인
허물어져 가는 나지막한 집 한 채,
농부는 문밖으로 기대어
부드러운 눈빛으로 벌들을 바라보고
농부의 아이는 집 앞 돌 위에 앉아서
갈대 피리를 만든다.

Abseits

Es ist so still; die Heide liegt
Im warmen Mittagssonnenstrahle,
Ein rosenroter Schimmer fliegt
Um ihre alten Gräbermale;
Die Kräuter blühn; der Heideduft
Steigt in die blaue Sommerluft.

Laufkäfer hasten durchs Gesträuch
In ihren goldnen Panzerröckchen,
Die Bienen hängen Zweig um Zweig
Sich an der Edelheide Glöckchen,
Die Vögel schwirren aus dem Kraut –
Die Luft ist voller Lerchenlaut.

Ein halbverfallen niedrig Haus
Steht einsam hier und sonnbeschienen;
Der Kätner lehnt zur Tür hinaus,
Behaglich blinzelnd nach den Bienen;
Sein Junge auf dem Stein davor
Schnitzt Pfeifen sich aus Kälberrohr.

멀리서 울리는 마을 종탑 소리가
한낮의 정적을 뚫고 울려오자
늙은 농부의 눈꺼풀이 닫히며
벌꿀 수확을 꿈꾼다.
격동기의 어떤 소리도
이 적막 속으로 들어오지 못했다.

Kaum zittert durch die Mittagsruh
Ein Schlag der Dorfuhr, der entfernten;
Dem Alten fällt die Wimper zu,
Er träumt von seinen Honigernten.
– Kein Klang der aufgeregten Zeit
Drang noch in diese Einsamkeit.

도시

잿빛 해변, 잿빛 바닷가
그리고 옆으로 자리한 도시.
안개는 지붕들을 무겁게 짓누르고,
적막을 뚫고 파도 소리가
무심히 도시를 에워싼다.

오월의 끊임없던 새 소리
들리지 않고, 숲은 고요하다.
기러기만 거친 울음 소리내며
가을밤을 날아가니
바닷가 해초들이 출렁인다.

그래도 내 마음은 온통 네게 매달려있으니,
그대 바닷가 잿빛 도시여.
젊은 날의 마력이 언제까지나
호기롭게 네게, 바로 네게 깃들어있구나
그대 바닷가 잿빛 도시여.

Die Stadt

Am grauen Strand, am grauen Meer
Und seitab liegt die Stadt;
Der Nebel drückt die Dächer schwer,
Und durch die Stille braust das Meer
Eintönig um die Stadt.

Es rauscht kein Wald, es schlägt im Mai
Kein Vogel ohn' Unterlass;
Die Wandergans mit hartem Schrei
Nur fliegt in Herbstesnacht vorbei,
Am Strande weht das Gras.

Doch hängt mein ganzes Herz an dir,
Du graue Stadt am Meer;
Der Jugend Zauber für und für
Ruht lächelnd doch auf dir, auf dir,
Du graue Stadt am Meer.

엘리자베스

어머니는 원하셨지
내가 다른 남자랑 결혼하기를.
이전에 간직했던 것을
내 마음에서 지워야 했어.
하지만 그러고 싶지 않았지.

어머니를 원망하지
옳지 못했다고.
명예로웠을 것이
이제는 죄악이 되었으니
나는 어찌해야 하나?

내 모든 자랑과 기쁨 대신
고통을 얻었네.
어찌하여 이런 선택을 하였던가.
아, 황량한 들판을 헤매며
구걸하는 것이 나을 것을!

Elisabeth

Meine Mutter hat's gewollt,
Den andern ich nehmen sollt;
Was ich zuvor besessen,
Mein Herz sollt es vergessen;
Das hat es nicht gewollt.

Meine Mutter klag ich an,
Sie hat nicht wohlgetan;
Was sonst in Ehren stünde,
Nun ist es worden Sünde.
Was fang ich an?

Für all mein Stolz und Freud
Gewonnen hab ich Leid.
Ach, wär das nicht geschehen,
Ach, könnt ich betteln gehen
Über die braune Heid!

하프 타는 소녀의 노래

나의 아름다움은
오늘, 오늘 하루뿐.
내일, 아 내일은
모든 것이 사라지니!

이 시간만
당신은 아직 나의 것.
죽으리, 아 죽어야 하리
나 홀로.

Lied des Harfenmädchens

Heute, nur heute
Bin ich so schön ;
Morgen, ach morgen
Muß alles vergehn!

Nur diese Stunde
Bist du noch mein ;
Sterben, ach sterben
Soll ich allein.

녹색 나뭇잎 하나

산책길에 가지고 온
여름날의 나뭇잎 하나
언젠가 내게 이야기하겠지
밤 꾀꼬리의 노래를
내가 지나온 초록빛 숲을.

Ein grünes Blatt

Ein Blatt aus sommerlichen Tagen,
Ich nahm es so im Wandern mit,
Auf daß es einst mir möge sagen,
Wie laut die Nachtigall geschlagen,
Wie grün der Wald, den ich durchschritt.

테오도르 폰타네

Theodor Fontane (1819-1898)

60세가 되어서 처녀작을 발표할 정도로 뒤늦게 창작활동을 시작한 폰타네는 19세기 말의 독일 사회상을 뛰어난 해학과 반어로 표현한 사실주의 대표 작가이다. 76세에 쓴 「내가 알고 싶은 것」은 노년에 접어든 화자의 삶에 대한 관조적인 시각과 바람을 표현하고 있다. 세상의 모든 것이 허무하고 허망하지만 어린 손주의 커가는 모습을 좀 더 지켜보고 싶은 화자의 마음이 잔잔히 그려진다. 곧 유치원에 들어갈 손주의 공책에 마음껏 끄적거릴 수 있는 낙서장을 만들어 주고 싶고, 아이가 어떻게 성장해가는가를 지켜보며 삶을 좀 더 알고 싶다는 화자의 염원이 느껴진다. 하지만 멀지 않은 작별을 피할 수 없기에 슬픔과 아쉬움이 기저에 깔려있다. 같은 해에 쓴 「잠」도 하루를 마무리하는 밤의 안식과 삶을 마감하는 영원한 안식이 교차하며 잠 못 이루는 시인의 심정을 표현한다.

내가 좀 더 알고 싶은 것

하긴 만사가 그렇고 그래
누구는 가난해지고, 누구는 부유해지고,
그런데 비스마르크는 어떨까?
비스마르크는 어떻게 될지 나는 그걸 좀 더 알고 싶다.

어찌든 만사가 그저 그래
오늘은 슬프고, 내일은 기쁘고,
봄, 여름, 가을 그리고는 겨울.
아, 그저 그렇지,
그런데 내 손주는 달라,
내년에 유치원생이 되면
그리고 열나흘 정도 지나면
작은 가방을 매겠지.
그의 공책에 낙서칸을 만들어 주고 싶다
그래, 나는 그렇게 해주고 싶다.

아무튼 모든 것은 허망하지
오늘 있다가 내일은 부서지니
모든 것은 소멸을 향해가지, 지상의
것들은 그렇고 그러지.

Ja, das möcht' ich noch erleben.

Eigentlich ist mir alles gleich,
Der eine wird arm, der andre wird reich,
Aber mit Bismarck, – was wird das noch geben?
Das mit Bismarck, das möcht' ich noch erleben.

Eigentlich ist alles so so,
Heute traurig, morgen froh,
Frühling, Sommer, Herbst und Winter,
Ach, es ist nicht viel dahinter.
Aber mein Enkel, so viel ist richtig,
Wird mit Nächstem vorschulpflichtig,
Und in etwa vierzehn Tagen
Wird er eine Mappe tragen,
Löschblätter will ich in's Heft ihm kleben –
Ja, das möcht' ich noch erleben.

Eigentlich ist alles nichts,
Heute hält's, und morgen bricht's,
Hin stirbt alles, ganz geringe
Wird der Werth der irdschen Dinge;

하지만 소망하는 것과의 작별이
얼마나 낙심스러운지
그러면서 여전히 말하고 있지.
그래, 나는 그것을 좀 더 알고 싶다고.

Doch wie tief herabgestimmt
Auch das Wünschen Abschied nimmt,
Immer klingt es noch daneben:
Ja, das möcht' ich noch erleben.

잠

이제야 나는 알겠다, 다들 이를 어떻게 마주했는지
나는 깨어 뒤척이고, 잠은 나를 피하고 있다.
단지 스쳐 지나가며 내게 속삭인다.
"걱정하지마, 나는 너의 안식을 수집하고 있는 거야
내가 먼저 네 집에 다시 들어가서
모든 걸 한 번에 네게 갚아줄게."

Schlaf

Nun trifft es mich, wie's jeden traf,
Ich liege wach, es meidet mich der Schlaf,
Nur im Vorbeigehn flüstert er mir zu:
“Sei nicht in Sorg', ich sammle deine Ruh',
Und tret' ich ehstens wieder in dein Haus,
So zahl' ich alles dir auf einmal aus.”

콘라드 페르디난트 마이어

Conrad Ferdinand Meyer (1825-1898)

스위스 시인이며 소설가인 마이어는 거의 사십이 되어서야 글쓰기를 시작했다. 아버지의 이른 죽음과 어머니의 자살은 섬세한 성격의 마이어가 주위 환경에 잘 적응하지 못하고 갈등을 일으키는 요인으로 작용했다. 60대 중반에 신경증이 재발하기까지 대략 20여 년 동안 그는 많은 작품을 남겼다.

「쌍 돛단배」는 쌍돛이 바람결에 같이 움직이는 모습을 사실적으로 표현하고 있다. 그런데 들여다보면 연인이 서로 같은 감정을 교류하는 모습이 연상된다. 한 사람이 고통을 받으면 다른 한 사람도 고통을 느끼고, 한 사람이 기뻐하면 다른 한 사람도 신난다. 이상적이고 낭만적인 사랑은 3연에서 고조되는데 사랑하는 두 사람은 감정을 공유할 뿐 아니라 상대가 원하는 것을 적극적으로 행하면서 상대를 향한 이해와 사랑을 보여준다. 「로마 분수」는 층층이 놓인 수반들을 흘러내리는 로마식 분수대의 모습을 사실적으로 보여주면서 수반들의 상호 작용을 아름답게 표현하고 있다.

쌍 돛단배

짙푸른 해협에
찬란한 쌍 돛단배!
바람을 품고
고요히 달리는 쌍 돛단배!

하나가 바람에
부풀어 올라 요동하면
다른 하나도
덩달아 신난다.

하나가 서두르면
다른 하나도 속도를 내고
하나가 쉬려하면
그 동행도 휴식한다.

Zwei Segel

Zwei Segel erhellend
Die tiefblaue Bucht!
Zwei Segel sich schwellend
Zu ruhiger Flucht!

Wie eins in den Winden
Sich wölbt und bewegt,
Wird auch das Empfinden
Des andern erregt.

Begehrt eins zu hasten,
Das andre geht schnell,
Verlangt eins zu rasten,
Ruht auch sein Gesell.

로마 분수

위로 솟구쳤다
대리석 수반 주위로 빛이 쏟아지듯 붓는다.
베일을 쓴 듯 첫째는
둘째 수반 주위로 넘쳐 흐른다.
풍성해진 둘째는
세째 수반에 파도치듯 쏟아져 내린다.
그렇게 수반은 저마다 주고 받으면서
흐르고 또 휴식한다.

Der römische Brunnen

Aufsteigt der Strahl und fallend gießt
Er voll der Marmorschale Rund,
Die, sich verschleiernd, überfließt
In einer zweiten Schale Grund;
Die zweite gibt, sie wird zu reich,
Der dritten wallend ihre Flut,
Und jede nimmt und gibt zugleich
Und strömt und ruht.

빌헬름 부쉬

Wilhelm Busch (1832-1908)

『막스와 모리츠』(1865) 그림 이야기로 유명한 부쉬는 자신이 살고 있는 향토적인 세상이 결코 이상적이거나 안정적인 사회가 아님을 풍자로 보여준다. 『막스와 모리츠』에서 주인공인 두 소년은 개구쟁이의 도를 넘어선 심한 장난으로 마을 사람들과 동물들을 괴롭히며 재미를 느낀다. 장난삼아 닭들을 죽이거나 선생님의 담뱃대에 폭약을 넣기도 하고 마을 재봉사를 놀려서 뒤쫓아오는 그를 끊긴 다리로 유인하여 강물에 빠트린다. 이 악동들에 당하는 마을 사람들의 일그러지고 뒤틀린 모습이 우스꽝스럽게 표현된다. 결국 방앗간 탈곡기에 갈려서 핵일적인 곡식 낟알이 되는 결말은 권선징악이라는 표면적인 교훈을 실현하는 것 같지만, 이면에는 획일성이 강요되는 사회에 대한 작가의 비판이 담겨있다. 또 부쉬는 일상의 고요와 휴식이 깃든 향토적인 전원에서 사람들이 보호받기보다 위험에 노출되는 사건들을 통해서 비더마이어적 은둔 사회를 비판하고 있다. 「끈끈이에 잡힌 새」는 피할 수 없는 절망적인 상황의 익살을 통해서 부쉬의 세상에 대한 회의적인 시각을 잘 드러낸다.

새 한 마리가 끈끈이에 붙들려서

새 한 마리가 끈끈이에 붙들려서
아무리 날개를 퍼덕여도 날아갈 수 없다.
검은 고양이 한 마리가 슬금슬금 다가오는데
발톱은 날카롭고 눈빛은 이글거린다.
나무 위로 점점 높이
가엾은 새를 향해 온다.

새가 생각하길, 어차피 이리 되었으니
결국 저 고양이가 나를 잡아먹을 것이니
나는 한순간도 놓치고 싶지 않아,
잠깐이라도 노래 부르며
여느 때처럼 즐겁게 지저귀자.
내가 보기에, 그 새는 유머를 알고 있다.

Es sitzt ein Vogel auf dem Leim

Es sitzt ein Vogel auf dem Leim,
Er flattert sehr und kann nicht heim.
Ein schwarzer Kater schleicht herzu,
Die Krallen scharf, die Augen gluh.
Am Baum hinauf und immer höher
Kommt er dem armen Vogel näher.

Der Vogel denkt: Weil das so ist
Und weil mich doch der Kater frißt,
So will ich keine Zeit verlieren,
Will noch ein wenig quinquilieren
Und lustig pfeifen wie zuvor.
Der Vogel, scheint mir, hat Humor.

데트레프 폰 릴리엔크론

Detlev von Liliencron (1844-1909)

몰락한 덴마크 귀족 출신의 아들로 태어난 릴리엔크론은 장교로서 경력을 쌓았으나 노름빚으로 인해서 아메리카로 이민을 갔다. 하지만 거기서도 적응하지 못하고 돌아와서 프로이센 군인으로 복귀했으나 빚 문제로 다시 공직을 포기하고 전업 작가로 나섰다. 짧은 기간이었지만 군대생활을 경험한 그는 작품에서 빌헬름 시대의 군인정신에 기반한 보수적이면서 또한 낭만적인 정서를 드러낸다. 그의 낭만성은 태어난 북독일 도시 킬의 특유한 자연환경과 관련 있어 보인다. 북해를 배경으로 한 발라드는 그를 향토 시인으로 각인시키기도 했다. 「한 여름 동안」은 수줍고 순진한 소녀와 화자의 사랑을 목가적으로 표현하고 있다.

한여름 동안

호밀밭과 나무 울타리 사이
좁은 길 하나 이끄는 곳.
한여름 동안
달콤하고 행복한 우리 보금자리였다.

멀리서 바라보면
그녀는 발걸음 더디
걸으며 풀줄기 하나 뽑아
작은 잎 하나 가지고 온다.

꼬옥 조인 윗옷에 이삭을
천진스럽게 꽂고
부끄러워 모자를
이마 깊숙이 내렸다.

어슴푸레 다가오는 그녀는
양귀비꽃처럼 붉게 물들었지만
나는 숙련된 염탐꾼,
나의 장난꾸러기를 금방 알아보았다.

Einen Sommer lang

Zwischen Roggenfeld und Hecken
Führt ein schmaler Gang;
Süßes, seliges Verstecken
Einen Sommer lang.

Wenn wir uns von ferne sehen,
Zögert sie den Schritt,
Rupft ein Hälmchen sich im Gehen,
Nimmt ein Blättchen mit.

Hat mit Ähren sich das Mieder
Unschuldig geschmückt,
Sich den Hut verlegen nieder
In die Stirn gerückt.

Finster kommt sie langsam näher,
Färbt sich rot wie Mohn;
Doch ich bin ein feiner Späher,
Kenn die Schelmin schon.

광활한 주위를 둘러보면
세상은 평화롭건만
그녀 곁에서
내 마음은 폭풍이 일고 있었다.

호밀밭과 나무 울타리 사이
좁은 길 하나 이끄는 곳.
한여름 동안
달콤하고 행복한 보금자리였다.

Noch ein Blick in Weg und Weite,
Ruhig liegt die Welt,
Und es hat an ihre Seite
Mich der Sturm gesellt.

Zwischen Roggenfeld und Hecken
Führt ein schmaler Gang;
Süßes, seliges Verstecken
Einen Sommer lang.

리카르다 후흐

Ricarda Huch (1864-1947)

후흐는 작품활동 초기에 열정적인 사랑과 갈등을 주제로 한 개인적인 문제에 집중했지만, 점차 역사적 사건에 관심을 가지고 역사를 문학적으로 구현해 나갔다. 역사학자이면서 작가인 후흐에게 관심 주제는 '정의'와 '자유'였다. 나치 치하에서 망명하지 않고 국내 망명을 택했던 후흐에게 '국내 망명에 대한 견해'를 묻자 후흐는 기자에게 다음과 같이 대답했다. "지난 12년간 독일에 머물렀던 독일인 작가들에 대한 정당화가 있을 수 있는가라는 질문은 저를 화나게 합니다, 제가 묻고 싶은 것은 지난 12년간 독일을 떠났던 독일 작가들을 정당화할 수 있는가하는 것입니다. (…) 남아있는 것에 대한 판단은 동참했는가에 대한 판단과는 상관없는 것입니다." 후흐는 위험과 소외를 무릅쓰고 나치에 대해서 나름 저항했다고 생각했다. 「네 아름다움은 어디서 온 거니」는 사랑에 빠진 화자의 시선을 그대로 반영하면서, 사랑에 눈먼 화자에게 사랑하는 대상이 전부임을 표현한다.

네 아름다움은 어디서 온 거니

네 아름다움은 어디서 온 거니
너의 사랑스런 얼굴, 너의 멋진 자태!
네 주변의 모든 것은 보잘 것 없구나.
네가 젊음을 가졌기에, 모든 것은 늙어가고
네가 생명을 쥐었기에, 모든 것은 죽어야하고
네가 힘을 지녔기에, 세계는 피난처가 되지 못하고
네가 완전하기에, 세계는 깨지기 쉬운 도자기이고
네가 하늘이기에, 저 하늘은 없는 것을!

Wo hast du all die Schönheit hergenommen

Wo hast du all die Schönheit hergenommen,
Du Liebesangesicht, du Wohlgestalt!
Um dich ist alle Welt zu kurz gekommen.
Weil du die Jugend hast, wird alles alt,
Weil du das Leben hast, muß alles sterben,
Weil du die Kraft hast, ist die Welt kein Hort,
Weil du vollkommen bist, ist sie ein Scherben,
Weil du der Himmel bist, gibt's keinen dort!

슈테판 게오르게

Stefan George (1868-1933)

'그의 글은 혼탁한 소음에 지친 우리의 감각에 산속 깊은 사원의 경이로운 정적과 서늘함을 전해준다'는 호프만스탈의 말처럼 게오르게는 외부의 모든 대상으로부터 거리를 유지하는 태도를 보인다. 현실로부터 떨어진 장소와 시대에서 시적 소재를 찾는 이유를 그는 '현실적인 것을 피하거나 좀 더 찬란했던 옛 시대로의 회귀가 아니라 자신의 내면에 맞는 분위기를 표현할 수 있는 은유를 찾기 위한 노력'이라고 말했다. 과거에서 문학의 소재를 찾는 것이 현실도피가 아니냐는 세간의 시선을 의식한 말로 보인다. '예술 지상주의', '예술을 위한 예술'을 일관적으로 실현한 게오르게는 이상향에 대한 동경을 마술적인 언어로 작품에서 구현하려 했다.

「사망 선고받은 공원으로 와서 보라」는 가을 풍경에 인생의 황혼기를 빗대어 묘사하고 있다. 사망 선고를 앞둔 인생의 끝자락에도 가을의 푸르름과 초록빛 생명이 있으며 철 늦은 장미꽃 빛이 남아있다. 「유혹」은 사랑하는 사람을 깊은 숲속으로 데려가서 두 사람만의 은밀한 사랑을 나누고 싶은 욕망을 담고 있다.

사망 선고받은 공원으로 와서 보라

사망 선고받은 공원으로 와서 보라
저 멀리 웃는 듯 반짝이는 물빛
순백의 구름 사이로 내비치는 푸르름이
연못과 오색의 오솔길을 밝히고 있다.

거기 진노랑빛이 자작나무와 회양목의
부드러운 잿빛을 끌어안으니 바람은 온화하고
철 늦은 장미들 아직 완전히 시든 것 아니니
선택하여 입맞추고 화환을 엮으라.

이 마지막 과꽃,
들포도 넝쿨 에워싼 자색 또한 잊지 말지니
초록빛 생명이 아직 남아있는 것이라면
이 또한 가을 표정에 살포시 엮어 넣으라.

Komm in den totgesagten park und schau:

Komm in den totgesagten park und schau:
Der schimmer ferner lächelnder gestade –
Der reinen wolken unverhofftes blau
Erhellt die weiher und die bunten pfade.

Dort nimm das tiefe gelb – das weiche grau
Von birken und von buchs – der wind ist lau –
Die späten rosen welkten noch nicht ganz –
Erlese küsse sie und flicht den kranz –

Vergiss auch diese letzten astern nicht –
Den purpur um die ranken wilder reben –
Und auch was übrig blieb von grünem leben
Verwinde leicht im herbstlichen gesicht.

유혹

사랑하는 아이야, 나와 함께 떠나자
풍문으로 전해지는 저 숲속으로,
네 입속에 머물 내 노래
그것만을 선물로 받아들여라.

향기로 에워싸인
부드러운 푸름 속에서 우리 물놀이 하자
우리의 육체는 빛나고
이슬보다 더 맑겠지.

은빛의 섬세한 실은 대기 중에
우리를 위한 베일을 짓고,
잔디 위에 펼쳐진 린넨은
눈처럼, 별빛처럼 은은하게 빛나겠지.

호수 주변 나무 아래서
우리는 하나 되어 환희에 들뜨며,
나직이 노래 부르며, 하얀 카네이션
하얀 클로버 꽃을 흩뿌리겠지.

Entführung

Zieh mit mir, geliebtes kind,
In die wälder ferner kunde,
Und behalt als angebind
Nur mein lied in deinem munde.

Baden wir im sanften blau
Der mit duft umhüllten grenzen:
Werden unsre leiber glänzen,
Klarer scheinen als der tau.

In der luft sich silbern fein
Fäden uns zu schleiern spinnen,
Auf dem rasen bleichen linnen,
Zart wie schnee und sternenschein.

Unter bäumen um den see
Schweben wir vereint uns freuend,
Sachte singend, blumen streuend,
Weisse nelken, weissen klee.

엘제 라스커 쉴러

Else Lasker-Schüler (1869-1945)

유대계 독일 시인으로 유복한 가정에서 태어난 라스커 쉴러는 남장하기를 즐겼다. 이혼 후에는 두 아들을 데리고 초기 표현주의 온상이었던 베를린으로 이주했다. 하지만 1927년 아들을 잃고, 나치 정권이 세력을 확장하는 독일을 떠나서 1934년 예루살렘에 정착하고 그곳에서 생을 마감했다. 평단의 찬사를 받았던 그녀를 평론가들은 '독일의 사포'라 불렀다. 그녀의 시에 나타난 관능은 현대인이 상실한 감성적 삶의 가능성으로 인도한다.

예루살렘으로 가기 전에 잠시 머물던 취리히에서 쓴 「나의 푸른 피아노」는 평온했던 과거와 야비해진 현실을 대조적으로 보여준다. 무한한 동경을 상징하는 푸른색을 피아노와 결합하여 상실한 예술을 상징적으로 표현하고 있다. 어머니와 함께 연주하던 푸른 피아노는 이제 지하실의 어두컴컴한 곳에 갇히고, 피아노 연주 음 대신 쥐들이 달가닥거린다. 여기서 쥐는 나치에 대한 은유적 표현으로 볼 수 있다. 시의 화자는 힘든 망명 생활에서 구원에 대한 소망을 죽음을 경험하지 않고 소천하는 모습으로 그린다.

나의 푸른 피아노

푸른 피아노가 집에 있지만
나는 악보를 보지 못한다.

세상이 거칠어진 이래
피아노는 지하실 저편 어둠 속에 있다.

별 손 넷이 연주했었지
편주에서 노래하는 달의 여인을.
이제는 쥐들이 달가닥 달가닥 춤춘다.

건반은 부서지고
나는 푸른 주검들을 애도한다.

아 사랑하는 천사들이
쓰디쓴 빵을 뜯고 있는 나를 위해
금기를 거슬리면서까지
살아있는 내게 벌써 천국 문을 연다.

Mein blaues Klavier

Ich habe zu Hause ein blaues Klavier
Und kenne doch keine Note.

Es steht im Dunkel der Kellertür,
Seitdem die Welt verrohte.

Es spielten Sternenhände vier –
– Die Mondfrau sang im Boote –
Nun tanzen die Ratten im Geklirr.

Zerbrochen ist die Klaviatür...
Ich beweine die blaue Tote.

Ach liebe Engel öffnet mir
– Ich aß vom bitteren Brote –
Mir lebend schon die Himmelstür –
Auch wider dem Verbote.

봄

우리는 달빛 마냥
고요한 봄밤을 지새우고 싶어라
한 쌍의 아이들이고 싶어라.
너는 네 몸속으로 나를 휘감으며
너의 미소를 내게 가르치는구나.

내 그리워했던 어머니의 사랑
아버지의 말씀, 봄 놀이
허나 평생토록 나를 쫓는 업보
내 곁에서 떠나지 않으니
신실한 적수인듯 사랑하기로 했다.

이제 비단결처럼 고운 꽃들이 만발하고
가지마다 사랑이 풍긴다.
너는 나의 어머니, 아버지가 되고
봄 놀이 친구, 사랑스런 연인이 되니
나의 모든 것이구나.

Frühling

Wir wollen wie der Mondenschein
Die stille Frühlingsnacht durchwachen,
Wir wollen wie zwei Kinder sein,
Du hüllst mich in dein Leben ein
Und lehrst mich so, wie du, zu lachen.

Ich sehnte mich nach Mutterlieb'
Und Vaterwort und Frühlingsspielen,
Den Fluch, der mich durch's Leben trieb,
Begann ich, da er bei mir blieb,
Wie einen treuen Freund zu lieben.

Nun blühn die Bäume seidenfein
Und Liebe duftet von den Zweigen.
Du mußt mir Mutter und Vater sein
Und Frühlingsspiel und Schätzelein
Und ganz mein Eigen ...

세상의 종말

세상의 곡소리
사랑의 하나님이 돌아가신 듯 울린다.
떨어져 뒤덮는 납덩이같은 그림자
무덤만큼 무겁게 짓누른다.

오라, 우리 더 가까이 숨자 ...
관 속인 듯
삶은 만인의 가슴 속에 누워있다.

그대여! 우리 깊숙이 입 맞추자 -
우리가 죽어야 할
세상을 향해 그리움이 사무치게 두드린다.

Weltende

Es ist ein Weinen in der Welt,
als ob der liebe Gott gestorben wär,
und der bleierne Schatten, der niederfällt,
lastet grabesschwer.

Komm, wir wollen uns näher verbergen …
Das Leben liegt in aller Herzen
wie in Särgen.

Du, wir wollen uns tief küssen …
Es pocht eine Sehnsucht an die Welt,
an der wir sterben müssen.

사랑 노래

밤에 내게 오세요 - 우리 꼭 안고 잠들어요.
잠 못 드는 외로운 밤으로 나는 너무 지쳤어요.
이름 모를 새 한 마리 어두운 새벽녘에 벌써 지저귀기 시작할 때
나의 꿈은 꿈속의 나와 더불어 아직 뒤척이고 있지요.

꽃들이 샘물로 활짝 피어나고
당신의 꺼지지 않는 눈빛으로 물들지요 …

밤에 내게 오세요, 칠성좌 신발을 신고
사랑 너울 쓰고 밤늦게 내 천막 안으로.
먼지 쌓인 천국 궤짝에서 달들이 솟아올라요.

우리는 두 마리 기이한 짐승처럼 사랑의 휴식을 취해요.
이 세상 뒤편 높은 갈대 속에서.

Ein Liebeslied

Komm zu mir in der Nacht - wir schlafen eng verschlungen.
Müde bin ich sehr, vom Wachen einsam.
Ein fremder Vogel hat in dunkler Frühe schon gesungen,
Als noch mein Traum mit sich und mir gerungen.

Es öffnen Blumen sich vor allen Quellen
und färben sich mit deiner Augen Immortellen ...

Komm zu mir in der Nacht auf Siebensternenschuhen
In Liebe eingehüllt spät in mein Zelt.
Es steigen Monde aus verstaubten Himmelstruhen.

Wir wollen wie zwei seltene Tiere liebesruhen
Im hohen Rohre hinter dieser Welt.

후고 폰 호프만스탈

Hugo von Hofmannsthal (1874-1929)

19세기 후반에 유럽을 중심으로 등장한 유미주의는 공리나 실용성을 배제하고, 예술은 오직 예술 자체만을 위해 존재한다고 여겼다. 당시 오스트리아에서도 아름다움을 최고의 가치로 절대화하는 유미주의 경향이 나타나는데 이 흐름을 주도하는 인물 중 하나가 호프만스탈이다. 빈의 모더니스트이며 유미주의자인 호프만스탈은 유미주의를 구현하면서 또 그 한계를 인식하고 극복하려 했다.

18세에 쓴 「봄의 시작」에서 바람은 몸을 흔들고 머리카락을 쓰다듬고, 입 맞추는 의인화된 모습으로 나타나며, 영혼의 사신이 되어서 인간과 사물, 자연적인 것과 초자연적인 것을 연결한다. 「두 사람」은 이루어지지 못한 사랑을 묘사하고 있는 듯하다. 너무 긴장한 탓인지 떨고 있는 두 사람의 손길이 만나지 못함으로써 쏟아진 포도주는 두 사람의 깨어진 관계를 상징적으로 보여준다. 그리고 3행이 하나의 연을 이루는 이탈리아의 시 형식 테르치네를 사용한 「무상함에 대하여」는 20살의 젊은 시인의 눈으로 바라본 삶의 모습을 담고 있다. 「삶의 외연」은 외적 삶과 내적 심연, 즉 현실과 예술을 비교하면서 충만과 공허, 성장과 죽음, 성숙과 소멸, 기쁨과 우울함을 대조적으로 그리고 있다.

봄의 시작

황량한 가로수 길 사이로
봄바람이 달려간다.
기이한 것들이
바람에 실려있다.

흐느끼는 곳에서
바람은 몸부림치며
엉킨 머리카락 속으로
휘감긴다.

바람은 흔들어
아카시아 꽃잎을 떨어뜨리고
가쁜 숨으로 달아오른
사지들을 식혔다.

바람이 스친
미소 띤 입술은
부드럽고 싱그러운
들판을 느낀다.

Vorfrühling

Es läuft der Frühlingswind
Durch kahle Alleen,
Seltsame Dinge sind
In seinem Wehn.

Er hat sich gewiegt,
Wo Weinen war,
Und hat sich geschmiegt
In zerrüttetes Haar.

Er schüttelte nieder
Akazienblüten
Und kühlte die Glieder,
Die atmend glühten.

Lippen im Lachen
Hat er berührt,
Die weichen und wachen
Fluren durchspürt.

훌쩍이는 외침되어
피리 소리에 빠져나간
바람은 땅거미 지는 황혼을
날아간다.

속삭이는 방들을
고요히 지나서
몸을 숙여
스러지는 불빛을 잠재운다.

황량한 가로수 길 사이로
봄바람이 달려간다.
기이한 것들이
바람에 실려있다.

매끄럽고 황량한
가로수 길 사이로
창백한 그림자들을
몰고 간다.

더불어 향기를,
어젯밤부터
스쳐온 곳에서
바람이 담아 온 거지.

Er glitt durch die Flöte,
Als schluchzender Schrei,
An dämmernder RöteF
log er vorbei.

Er flog mit Schweigen
Durch flüsternde Zimmer
Und löschte im Neigen
Der Ampel Schimmer.

Es läuft der Frühlingswind
Durch kahle Alleen,
Seltsame Dinge sind
In seinem Wehn.

Durch die glatten
Kahlen Alleen
Treibt sein Wehn
Blasse Schatten

Und den Duft,
Den er gebracht,
Von wo er gekommen
Seit gestern Nacht.

두 사람

여인은 손에 술잔을 들고 있었다
- 여인의 턱과 입은 잔의 가장자리를 닮았다.
사뿐하고 단정한 걸음걸이로
술 한 방울 튕기지 않았다.

가뿐하고 튼튼한 그의 손.
사나이는 힘찬 말을 타고 왔다.
무심한 몸짓으로
고삐를 당기니, 말은 주춤거리며 멈춘다.

하지만 여인의 손에서
가벼운 잔을 받는 것이
두 사람에게 무척 힘들었다.

너무 떨었기에
서로의 손이 미치지 못하여
진한 포도주가 바닥으로 흘러내렸다.

Die Beiden

Sie trug den Becher in der Hand
– Ihr Kinn und Mund glich seinem Rand –,
So leicht und sicher war ihr Gang,
Kein Tropfen aus dem Becher sprang.

So leicht und fest war seine Hand:
Er ritt auf einem jungen Pferde,
Und mit nachlässiger Gebärde
Erzwang er, daß es zitternd stand.

Jedoch, wenn er aus ihrer Hand
Den leichten Becher nehmen sollte,
So war es beiden allzu schwer:

Denn beide bebten sie so sehr,
Daß keine Hand die andre fand
Und dunkler Wein am Boden rollte.

무상함에 대하여

Ⅰ.

아직 나의 뺨은 그대의 숨결을 느끼고 있는데
어찌 된 일인가, 이 가까운 날들이
흘러갔으니, 영원히, 송두리째.

이것은 누구도 파악할 수 없는 것,
너무 두려워서 탄식만 나오는,
모든 것은 흘러가는 것이라고.

본연의 내가 어떤 걸림도 없이
어린아이에서 벗어나 한 마리 개처럼
아무 말 없이 낯설게 내게로 건너오는 것.

그리하여 나 또한 백 년 전의 내가 되고
수의 입은 내 선조들은
내 머리털인듯 내게 친숙해지니,

그리하여 내 머리털 마냥 나와 하나 되는 것.

Terzinen Über Verg nglichkeit

I.

Noch spür ich ihren Atem auf den Wangen:
Wie kann das sein, daß diese nahen Tage
Fort sind, für immer fort, und ganz vergangen?

Dies ist ein Ding, das keiner voll aussinnt,
Und viel zu grauenvoll, als daß man klage:
Daß alles gleitet und vorüberrinnt.

Und daß mein eignes Ich, durch nichts gehemmt,
Herüberglitt aus einem kleinen Kind
Mir wie ein Hund unheimlich stumm und fremd.

Dann: daß ich auch vor hundert Jahren war
Und meine Ahnen, die im Totenhemd,
Mit mir verwandt sind wie mein eignes Haar,

So eins mit mir als wie mein eignes Haar.

II.

이 순간! 우리가 연한 푸른빛 바다를
응시하며 죽음을 이해하는,
이리 가볍고 흥겹게 두려움 없이,

창백한 얼굴, 큰 눈망울, 늘 얼어있는 듯,
어느 날 저녁 멍하니 앞만 쳐다보고 있는
어린 소녀들처럼,

잠에 취한 사지에서 소리 없이
생명이 나무와 풀숲으로 넘어가는 걸 느끼는지
살며시 웃음 풍기는 소녀들처럼.

피 흘리는 성녀처럼.

Ⅱ.

Die Stunden! wo wir auf das helle Blauen
Des Meeres starren und den Tod verstehn,
So leicht und feierlich und ohne Grauen,

Wie kleine Mädchen, die sehr blaß aussehn,
Mit großen Augen, und die immer frieren,
An einem Abend stumm vor sich hinsehn

Und wissen, daß das Leben jetzt aus ihren
Schlaftrunknen Gliedern still hinüberfließt
In Bäum' und Gras, und sich matt lächelnd zieren

Wie eine Heilige, die ihr Blut vergießt.

Ⅲ.

우리는 꿈꾸는 존재이어라,
어린아이처럼 벚나무 아래서
꿈들이 눈을 뜨니,

위대한 밤을 달리는 부드러운 금빛 운행을
보름달이 우듬지에서 시작한다.
우리의 꿈도 이처럼 피어난다.

웃고 있는 아이처럼 여기 살아가며
떠오르고 가라앉는 꿈이
우듬지에서 깨어나는 보름달보다 작지 않구나.

마음속 심연은 꿈의 베틀에 내맡기고
방에 갇힌 정령의 손길 마냥
꿈은 우리 마음속에서 영생을 누린다.

그리하여 셋은 한 몸을 이루니, 인간,
사물, 꿈이어라.

Ⅲ.

Wir sind aus solchem Zeug, wie das zu Träumen,
Und Träume schlagen so die Augen auf
Wie kleine Kinder unter Kirschenbäumen,

Aus deren Krone den blaßgoldnen Lauf
Der Vollmond anhebt durch die große Nacht.
... Nicht anders tauchen unsre Träume auf,

Sind da und leben wie ein Kind, das lacht,
Nicht minder groß im Auf- und Niederschweben
Als Vollmond, aus Baumkronen aufgewacht.

Das Innerste ist offen ihrem Weben;
Wie Geisterhände in versperrtem Raum
Sind sie in uns und haben immer Leben.

Und drei sind Eins: ein Mensch, ein Ding, ein Traum.

삶의 외연

그리고 아이들은 아무것도 모르는
깊은 눈을 갖고 자라나고, 성장하여 죽음을 맞이하니
인간은 누구나 제 길을 간다.

그리고 떫은 과실은 단 즙을 내고
밤에 죽은 새처럼 땅에 떨어져
며칠 팽개쳐있다가 썩는다.

그리고 늘 바람이 불고, 언제까지고
우리는 바람 소리 들으며 수많은 말을 하고
사지의 쾌락과 피곤을 느낀다.

그리고 거리는 풀로 덮히고, 여기 저기
마을마다 횃불과 나무들, 웅덩이로 가득하니
죽은 듯 말라가는 위험스런 터전이다.

무엇 때문에 이것들은 세워졌는가? 그리고 서로
닮을 수 없어 무수히 많은 것인가?
무엇이 웃고 울고 죽게 하는가?

Ballade des äußeren Lebens

Und Kinder wachsen auf mit tiefen Augen,
die von nichts wissen, wachsen auf und sterben,
und alle Menschen gehen ihre Wege.

Und süße Früchte werden aus den herben
und fallen nachts wie tote Vögel nieder
und liegen wenig Tage und verderben.

Und immer weht der Wind, und immer wieder
vernehmen wir und reden viele Worte
und spüren Lust und Müdigkeit der Glieder.

Und Straßen laufen durch das Gras, und Orte
sind da und dort, voll Fackeln, Bäumen, Teichen,
und drohende, und totenhaft verdorrte...

Wozu sind diese aufgebaut? Und gleichen
einander nie? Und sind unzählig viele?
Was wechselt Lachen, Weinen und Erbleichen?

이 모든 것이 우리에게 무슨 소용인가,
커서는 영겁의 고독한 존재가 되는
어떤 목표도 찾지 못하고 방황하는 이 놀이가 무슨 소용인가?

이와 같은 것들을 수없이 본들 무슨 소용인가?
그럼에도 "저녁"을 말하는 자는 많은 말을 한 것이니,
이 한마디에서 깊은 뜻과 슬픔이 흐르기에

빈 벌집에서 진한 꿀이 흘러나오는 것과 같구나.

Was frommt das alles uns und diese Spiele,
die wir doch groß und ewig einsam sind
und wandernd nimmer suchen irgend Ziele?

Was frommt's, dergleichen viel gesehen haben?
Und dennoch sagt der viel, der "Abend" sagt,
ein Wort, daraus Tiefsinn und Trauer rinnt

wie schwerer Honig aus den hohlen Waben.

라이너 마리아 릴케

Rainer Maria Rilke (1875-1926)

오스트리아-헝가리 제국 보헤미아 왕국의 프라하에서 출생한 릴케는 고독한 소년 시절을 보낸 후 1886년부터 1891년까지 육군 유년 학교에서 군인 교육을 받았으나 적응하지 못하고 중퇴했다. 프라하, 뮌헨, 베를린 대학에서 수학하고 일찍부터 꿈과 동경이 넘치는 섬세한 서정시를 썼다. 릴케 시창작의 원천은 고독이다. 시를 쓴다는 것은 고독이라는 내면 공간을 형성하는 것이며, 실존적 고독 속에서 자신을 찾아가는 것이었다. 「가을날」이 보여주는 실존적 고독이 과일을 영글게 하는 뜨거운 남국 햇살처럼 우리의 삶을 성숙하게 한다. 「표범」은 로댕의 영향을 받은, "자연 앞에서 화가나 조각가처럼 냉혹할 정도로 사물을 파악하고 묘사하려는 엄격한 훈련"의 첫 결과물이다. 시의 화자는 말 없는 표범의 대변인이 되어서 우리에 갇힌 맹수의 억압된 자유를 표현하고 있다. 릴케의 묘비명이기도 한 「장미여, 오 순수한 모순이여」 이 짧은 시구는 시인 릴케의 예술혼을 담고 있다. 삶과 죽음의 경계를 넘어서는 변용의 세계를 갈망했던 릴케에게 장미는 시인이 도달하고 싶었던 순수함, 문학의 본질을 상징한다.

너를 야위게 하는 것이

너를 야위게 하는 것이
든든한 양식이 되리라.
변용의 세계를 자유로이 넘나들어라.
네 가장 괴로운 경험은 무엇인가?
마시는 것이 쓰거든, 스스로 포도주가 되어라.

이 헤아릴 길 없는 밤에
네 감각의 십자로에서 마법 같은 힘이 되어라.
감각들의 기묘한 만남에서 의미가 되어라.

지상의 것이 너를 잊었다면
조용한 대지를 향해 말하라, 나는 흐른다,
성급한 흐름을 향해 말하라, 나는 있다, 라고.

「오르페우스에게 바치는 소네트」 제2부 29장에서

Das, was an dir zehrt

Das, was an dir zehrt,
wird ein Starkes über dieser Nahrung.
Geh in der Verwandlung aus und ein.
Was ist deine leidendste Erfahrung?
Ist dir Trinken bitter, werde Wein.

Sei in dieser Nacht aus Übermaß
Zauberkraft am Kreuzweg deiner Sinne,
ihrer seltsamen Begegnung Sinn.

Und wenn dich das Irdische vergaß,
zu der stillen Erde sag: Ich rinne.
Zu dem raschen Wasser sprich: Ich bin.

가을날

주여, 때가 되었습니다. 여름은 참으로 위대했습니다.
당신의 그림자를 해시계 위에 얹고
들판에 바람을 풀어 놓으소서.

철늦은 과일들이 무르익게 하소서.
이틀만 더 남쪽 햇살을 베풀어서
과일들의 완성을 재촉하고, 독한 포도주에
마지막 단맛이 스미게 하소서.

지금 집 없는 자는 더는 집을 짓지 못합니다.
지금 혼자인 자는 오랫동안 홀로 남아서
잠 못 이루고, 책을 읽으며, 긴 편지를 쓸 것이며
낙엽이 흩날리는 날에는 가로수 길을
이리저리 불안스레 헤맬 것입니다.

Herbsttag

Herr: es ist Zeit. Der Sommer war sehr groß.
Leg deinen Schatten auf die Sonnenuhren,
und auf den Fluren laß die Winde los.

Befiehl den letzten Früchten voll zu sein;
gieb ihnen noch zwei südlichere Tage,
dränge sie zur Vollendung hin und jage
die letzte Süße in den schweren Wein.

Wer jetzt kein Haus hat, baut sich keines mehr.
Wer jetzt allein ist, wird es lange bleiben,
wird wachen, lesen, lange Briefe schreiben
und wird in den Alleen hin und her
unruhig wandern, wenn die Blätter treiben.

이별

이별이라 하는 것을 내 어떻게 느꼈던가.
내가 알고 있는 이별은 베일에 싸인,
상처받지도 않는 매정한 것, 아름답게 맺어
한번 드러내 보여주고 찢어버리는 것이다.

변명도 못하고 바라보고 있어야 했다.
이별이, 그것이 내 이름을 부르듯 나를 가라 하고,
뒤에 머무는 것을, 모든 여인들이 그렇듯
초라하고 창백하게 이것 외에는 아무것도 할 수 없었다.

한 번의 손짓, 이제 더이상 나와 상관없는
잔잔히 계속되는 손짓 - 이제
더는 설명할 수 없는, 뻐꾸기 한 마리가
황망히 날아가 버린 한 그루 자두나무 같은 것이다.

Abschied

Wie hab ich das gefühlt was Abschied heißt.
Wie weiß ichs noch: ein dunkles unverwundnes
grausames Etwas, das ein Schönverbundnes
noch einmal zeigt und hinhält und zerreißt.

Wie war ich ohne Wehr, dem zuzuschauen,
das, da es mich, mich rufend, gehen ließ,
zurückblieb, so als wärens alle Frauen
und dennoch klein und weiß und nichts als dies:

Ein Winken, schon nicht mehr auf mich bezogen,
ein leise Weiterwinkendes –, schon kaum
erklärbar mehr: vielleicht ein Pflaumenbaum,
von dem ein Kuckuck hastig abgeflogen.

고독

고독은 비처럼
바다에서 저녁을 향해 오른다.
아득한 외딴 평원에서
고독을 늘 품고 있는 하늘로 향한다.
그리하여 하늘에서 도시 위로 쏟아져 내린다.

모든 골목이 아침을 향해 기지개 켤 때,
아무것도 찾지 못한 육신들이
실망과 슬픔으로 서로를 놓아줄 때,
서로 미워하는 사람들이
같은 잠자리에 들어야 하는
뒤엉킨 시간에 비가 되어 내리는

고독은 강물과 더불어 흐른다.

Einsamkeit

Die Einsamkeit ist wie ein Regen.
Sie steigt vom Meer den Abenden entgegen;
von Ebenen, die fern sind und entlegen,
geht sie zum Himmel, der sie immer hat.
Und erst vom Himmel fällt sie auf die Stadt.

Regnet hernieder in den Zwitterstunden,
wenn sich nach Morgen wenden alle Gassen
und wenn die Leiber, welche nichts gefunden,
enttäuscht und traurig von einander lassen;
und wenn die Menschen, die einander hassen,
in einem Bett zusammen schlafen müssen:

dann geht die Einsamkeit mit den Flüssen...

표범

(파리 식물원에서)

어른거리는 창살들에 지친 그의 눈길은
이젠 아무것도 붙들 수 없다.
그에겐 수천의 창살만이 있고
수천의 창살 뒤엔 어떤 세계도 없는 듯하다.

제자리에서 맴도는
노련하게 강한 발걸음의 유려한 행보는
중심을 에워싸고 도는 힘의 무도와 같으나
거기에 장엄한 의지는 마비되어 있다.

가끔 눈동자의 장막이 고요히
걷히면 형상 하나 스며들어,
사지(四肢)의 긴장된 적막을 뚫고
심장에 멈추어 머문다.

Der Panther

(Im Jardin Des Plantes, Paris)

Sein Blick ist vom Vorübergehn der Stäbe
so müd geworden, daß er nichts mehr hält.
Ihm ist, als ob es tausend Stäbe gäbe
und hinter tausend Stäben keine Welt.

Der weiche Gang geschmeidig starker Schritte,
der sich im allerkleinsten Kreise dreht,
ist wie ein Tanz von Kraft um eine Mitte,
in der betäubt ein großer Wille steht.

Nur manchmal schiebt der Vorhang der Pupille
sich lautlos auf –. Dann geht ein Bild hinein,
geht durch der Glieder angespannte Stille –
und hört im Herzen auf zu sein.

레다

다급한 마음의 신이 백조 속으로 들어섰을 때
너무 아름다운 그 모습에 신은 혼미해질 듯했다.
정신이 아득해진 신은 백조의 몸속으로 스며들고
그 속임수는 신의 다음 행보를 벌써 재촉했다.

새로운 존재의 감정을 신 스스로
아직 살피기도 전이었다. 마음을 연 여인은
백조의 모습에서 다가오는 신을 이미 느꼈고
벌써 알고 있었다, 그 신이 부탁할 것을.

당황한 저항에도 여인이 더는
감출 수 없는 그것을. 신은 몸을 구부려
그의 목에 더없이 가녀린 손길을 받으며

사랑하는 여인의 품으로 자신을 맡겼다.
그때 비로소 신은 떨리는 그의 깃털을 느꼈으며
그녀의 품속에서 진정 백조가 되었다.

Leda

Als ihn der Gott in seiner Not betrat,
erschrak er fast, den Schwan so schön zu finden;
er ließ sich ganz verwirrt in ihm verschwinden.
Schon aber trug ihn sein Betrug zur Tat,

bevor er noch des unerprobten Seins
Gefühle prüfte. Und die Aufgetane
erkannte schon den Kommenden im Schwane
und wusste schon: er bat um Eins,

das sie, verwirrt in ihrem Widerstand,
nicht mehr verbergen konnte. Er kam nieder
und halsend durch die immer schwächere Hand

ließ sich der Gott in die Geliebte los.
Dann erst empfand er glücklich sein Gefieder
und wurde wirklich Schwan in ihrem Schoß.

장미, 오 순수한 모순이여

장미, 오 순수한 모순,
수많은 눈꺼풀 아래
누구의 잠도 아닌
환희여.

Rose, oh reiner Widerspruch

Rose, oh reiner Widerspruch,
Lust,
Niemandes Schlaf zu sein unter soviel
Lidern.

헤르만 헤세

Hermann Hesse (1877-1962)

스위스의 작은 마을 칼프에서 태어난 헤세는 김나지움 신학교의 속박된 기숙사 생활을 견디지 못하고 나왔다. 소설 『수레바퀴 밑에서』는 이때의 체험을 마울브론 신학교 분위기로 표현하는데 인간의 자연성과 자유의지는 박탈되고 신의 존엄만을 강조하는 숨 막히는 생활이었다. 헤세는 고등학교에 다시 들어가나 1년도 안 돼서 자퇴하고 서점 견습 점원이 되었다. 시계공장에서 일하기도 하지만 시인이 되려는 열망에 서점 점원으로 다시 들어갔다. 이때가 헤세 창작의 근원이 되는 독서 시기였다. 선교사 집안에서 태어나 목사의 길을 가야 한다는 주변의 기대에 갈등하다가 집을 뛰쳐나오고, 시인으로서 자신의 길을 실현하는 헤세의 자전적 체험은 그의 작품들에 고스란히 녹아있다. "모든 사람의 인생은 자기 자신에 이르는 길이다."는 『데미안』의 서문은 헤세 문학의 주제이다. 소설의 주인공 싱클레어의 다음과 같은 고백은 헤세 자신의 고백이기도 하다.

“내 속에서 솟아 나오려는 것, 바로 그것을 나는 살아보려고 했다. 왜 그것이 그토록 어려웠을까? (…) 당시에 나는 흔히들 말하는 대로 ‘우연’에 의해서 특별한 도피처를 찾아냈다. 그러나 그런 우연이란 존재하지 않는다. 무엇인가를 절실하게 필요로 하는 사람이 자신에게 정말로 필요한 것을 찾아내면, 그것은 그에게 주어진 우연이 아니라 그 자신이, 그 자신의 욕구와 필요가 그를 거기에 인도한 것이다.”

시 「단계」는 삶이 어렵고 힘들더라도 단계를 오르도록 권한다. 삶의 단계마다 맺는 결실이 있기에 도달한 곳에서 머물지 말고 앞으로 나아가서 또 다른 결실을 맺어야 한다고 말한다. 과감한 도전과 포기하지 않은 성장을 권면하고 있다.

안개 속에서

기이하다, 안개 속을 거니는 것은!
나무 덤불과 돌들 모두 외롭다.
어떤 나무도 다른 나무를 보지 못하니
누구나 혼자이다.

내 삶이 아직 빛났을 때
세상은 온통 친구들로 가득했다.
이제 안개가 덮치니
누구도 보이지 않는다.

벗어날 수 없는 힘으로 고요히
모든 것으로부터 갈라놓는
어둠을 모르는 자는
진정 현명하다고 할 수 없다.

기이하다, 안개 속을 거니는 것은!
삶은 혼자인 것.
누구도 다른 사람을 알지 못하니
누구나 혼자이다.

Im Nebel

Seltsam, im Nebel zu wandern!
Einsam ist jeder Busch und Stein,
Kein Baum sieht den andern,
Jeder ist allein.

Voll von Freunden war mir die Welt,
Als noch mein Leben licht war;
Nun, da der Nebel fällt,
Ist keiner mehr sichtbar.

Wahrlich, keiner ist weise,
Der nicht das Dunkel kennt,
Das unentrinnbar und leise
Von allen ihn trennt.

Seltsam, im Nebel zu wandern!
Leben ist Einsamsein.
Kein Mensch kennt den andern,
Jeder ist allein.

단계

꽃은 시들고, 젊음은 나이에 굴하듯
삶의 단계마다 꽃이 핀다.
지혜와 미덕도
자기 때에 꽃피나 영원할 수는 없다.
삶의 소명마다 마음은
이별을 준비하고 새 출발을 다짐하니,
의연하게, 슬픔을 이기며
또 다른 인연을 위해 헌신하기 위함이다.
모든 시작에 마법 같은 힘이 있어서
우리를 지키며, 살아가게 돕는다.

우리는 삶의 공간들을 힘차게 지나가야 하니
어디에도 고향처럼 머물러서는 안된다.
세계정신은 속박하지도 구속하지도 않으며
우리를 한 단계씩 높이고 넓히길 원한다.
삶의 어느 공간에 익숙하고
편안해지는 순간 나태해지기 쉬우니
떠날 채비가 된 사람만이
마비로 흐르는 편안함에서 벗어나리라.

단지 죽음의 순간이나
새로운 공간에 설익게 저항하게 할 것이니
우리를 향한 삶의 소명은 결코 그치지 않을 것이다.
그렇다면 마음이여, 작별을 고하고 강건하라!

Stufen

Wie jede Blüte welkt und jede Jugend
Dem Alter weicht, blüht jede Lebensstufe,
Blüht jede Weisheit auch und jede Tugend
Zu ihrer Zeit und darf nicht ewig dauern.
Es muß das Herz bei jedem Lebensrufe
Bereit zum Abschied sein und Neubeginne,
Um sich in Tapferkeit und ohne Trauern
In andre, neue Bindungen zu geben.
Und jedem Anfang wohnt ein Zauber inne,
Der uns beschützt und der uns hilft, zu leben.

Wir sollen heiter Raum um Raum durchschreiten,
An keinem wie an einer Heimat hängen,
Der Weltgeist will nicht fesseln uns und engen,
Er will uns Stuf' um Stufe heben, weiten.
Kaum sind wir heimisch einem Lebenskreise
Und traulich eingewohnt, so droht Erschlaffen;
Nur wer bereit zu Aufbruch ist und Reise,
Mag lähmender Gewöhnung sich entraffen.

Es wird vielleicht auch noch die Todesstunde
Uns neuen Räumen jung entgegen senden,
Des Lebens Ruf an uns wird niemals enden,
Wohlan denn, Herz, nimm Abschied und gesunde!

고트프리트 벤

Gottfried Benn (1886-1956)

의사이자 시인인 벤은 예술이 삶의 최고의 과제이며 예술에 의해서만 삶이 정당화될 수 있다는 니체의 예술 지상주의 영향을 받았다. 예전의 종교 자리에 예술이 자리하게 된 것이다. 나치즘을 환영했던 그의 전력이 문제가 되어 전후 문학계에서 환영받지 못하기도 했다. “저는 완전히 혼자입니다. 그 당시 환영받지 못했을 뿐 아니라 오늘날에도 환영받지 못하고 있습니다.”(1959)는 그의 고백은 외로움과 고립감을 말해준다. 하지만 고독한 삶을 예술가의 실존적 조건, 창작을 위한 힘으로 받아들이고 있음을 「더 외로운 때」는 보여준다. 세상으로부터 소외된 시의 화자는 정신에 봉사하면서 외로움을 채우고 행복을 찾으려 한다. 예술을 통해서 무로부터 영원한 것을 창조하려는 시인의 다짐이 느껴진다.

누구에게도 향하지 않는 독백 또는 자기와의 대화로서의 시, “절대시”를 추구했던 벤은 “절대시란 믿음이 없는 시, 희망이 없는 시, 누구에게도 향하지 않는 시, 당신이 매력적으로 조립하는 말로 이루어진 시”라고 정의한다. 현실 세계가 아닌 먼 곳을 동경하는 시의 화자에게 「남은 것」이 보여주듯 시적 자아 외에는 아무도 없다.

더 외로운 때는 없다

8월보다 더 외로운 때는 없으니
충만의 시간 - 들판은
붉은 빛, 황금빛으로 타오르는데
그대 정원의 기쁨은 어디 있는가?

호수는 밝게 하늘은 부드럽게
들판은 천진스럽게 고요히 빛나는데
그대를 보낸 왕국의
승리와 그 징표는 어디 있는가?

모든 것이 행복으로 자신을 증명하고
포도주 향과 도취 속에서
시선을 나누고 반지를 주고받는데
그대는 행복에 맞서는 정신을 섬기고 있다.

Einsamer nie

Einsamer nie als im August:
Erfüllungsstunde - im Gelände
die roten und die goldenen Brände,
doch wo ist deiner Gärten Lust?

Die Seen hell, die Himmel weich,
die Äcker rein und glänzen leise,
doch wo sind Sieg und Siegsbeweise
aus dem von dir vertretenen Reich?

Wo alles sich durch Glück beweist
und tauscht den Blick und tauscht die Ringe
im Weingeruch, im Rausch der Dinge —:
dienst du dem Gegenglück, dem Geist.

단지 두 가지

나, 우리, 너라는
그 많은 형식들을 지나왔으나
모든 것이 여전히 고뇌하고 있는
영원한 의문: 무엇 때문에?

이것은 어린아이의 질문 같은 것.
당신이 나중에야 알게 된
단 한가지: 감내하는 것
– 의미이건, 중독이건, 전설이건 –
당신과 관계없이 결정된 것: 당신이 해야하는 것.

장미이건, 눈이건, 바다이건,
꽃피는 모든 것은 시들고,
남아있는 것은 단지 두 가지: 공허함
그리고 낙인 찍힌 자아.

Nur zwei Dinge

Durch so viel Formen geschritten,
durch Ich und Wir und Du,
doch alles blieb erlitten
durch die ewige Frage: wozu?

Das ist eine Kinderfrage.
Dir wurde erst spät bewusst,
es gibt nur eines: ertrage
– ob Sinn, ob Sucht, ob Sage –
dein fernbestimmtes: Du musst.

Ob Rosen, ob Schnee, ob Meere,
was alles erblühte, verblich,
es gibt nur zwei Dinge: die Leere
und das gezeichnete Ich.

게오르크 하임

Georg Heym (1887-1912)

24세의 나이로 요절한 하임은 생애 마지막 2년 동안에 400편 이상의 시와 단편, 드라마를 저술했다. "금방이라도 뇌의 봉합된 모든 부분들이 터질 것 같다."고 고백할 만큼 그는 수많은 시상을 미친 듯 써냈다. 세기말의 불안과 공포에 휩싸인 인물들에 이끌렸던 그는 극단적 상태의 광기에 주목했다. 권위주의적이고 가부장적인 사회와 고루한 사회 분위기에 대한 저항이기도 했다. 표현주의 문학의 대표 작가로서 하임은 현실의 거짓을 폭로하고 시대의 고통을 직시하며 병든 사회를 문학을 통해서 비판한 것이다. 「오필리아」는 연인에게 버림받고, 아버지를 잃은 슬픔을 견디지 못하고 실성하여 물에 빠져 삶을 마감한 비극의 여주인공을 묘사하고 있다.

오필리아

머리카락 속에는 어린 물쥐들이 둥지를 틀고
물살 위로 드러난 반지 낀 손은
지느러미 마냥, 오필리아는 물속에 자리한
거대한 원시림의 그림자를 떠돈다.

어둠 속을 헤매는 마지막 태양이
그녀의 뇌 속 깊숙이 가라앉는다.
왜 죽었는가? 물풀 뒤엉킨
물속을 왜 홀로 떠도는가?

갈대 우거진 숲에 바람이 머문다. 휘젓는 손길 마냥
박쥐들을 쫓으니,
물에 젖은 어두운 날개를 파닥이며
연기처럼 어두운 물줄기 속에 숨는,

밤 구름 같다. 길고도 하얀 뱀장어 한 마리
그녀의 젖가슴 위로 미끄러져 간다. 개똥벌레 하나
그녀의 이마에서 반짝인다. 버드나무 한 그루 눈물방울처럼
그녀 위로 잎사귀 떨구며 그녀의 말 없는 고통을 슬퍼한다.

Ophelia

Im Haar ein Nest von jungen Wasserratten,
Und die beringten Hände auf der Flut
Wie Flossen, also treibt sie durch den Schatten
Des großen Urwalds, der im Wasser ruht.

Die letzte Sonne, die im Dunkel irrt,
Versenkt sich tief in ihres Hirnes Schrein.
Warum sie starb? Warum sie so allein
Im Wasser treibt, das Farn und Kraut verwirrt?

Im dichten Röhricht steht der Wind. Er scheucht
Wie eine Hand die Fledermäuse auf.
Mit dunklem Fittich, von dem Wasser feucht
Stehn sie wie Rauch im dunklen Wasserlauf,

Wie Nachtgewölk. Ein langer, weißer Aal
Schlüpft über ihre Brust. Ein Glühwurm scheint
Auf ihrer Stirn. Und eine Weide weint
Das Laub auf sie und ihre stumme Qual.

게오르크 트라클

Georg Trakl (1987-1914)

산업화의 영향으로 물질주의적 사고가 팽배하고 1차 세계대전으로 혼란스러운 시대를 살았던 트라클은 인간의 존엄성이 훼손된 시대 상황과 누이를 향한 사랑과 죄의식의 개인적 갈등 속에서 번민과 방황을 반복했다. 비트겐슈타인은 트라클의 시에서 '천재의 톤'을 느꼈고, 릴케는 "거울 속 공간처럼 발을 들여놓을 수 없다."고 평가했다. 좀처럼 접근을 허락하지 않은 그의 시들은 암호와 은유로 닫혀있는 견고한 성채와 같다고 얘기한다. 생을 스스로 마감했던 트라클은 자신의 내적 혼돈과 불안을 독창적인 색채, 인과관계를 파괴한 문체 그리고 분열된 언어로 표현한다. 「그로데크」는 트라클의 마지막 작품으로 1914년 오스트리아군과 연합군이 격전을 벌인 폴란드 지역을 지칭한다. 그는 군의관으로 참전했는데 피범벅이 된 중상자들의 비명과 절규로 가득한 아비규환을 견디지 못하고 탈영을 시도하기도 했다. 인간도축장 같았던 전쟁의 끔찍한 체험을 벗어날 수 없었던 그는 "나는 이미 이 세상 저편을 느끼고 있습니다."는 그의 마지막 편지 구절처럼 27세의 짧은 생을 마감했다. 「심연」에서 추수가 끝난 밭, 잎사귀 떨어진 앙상한 나무, 쓸쓸한 바람 등 늦가을 풍경은 점점 암울한 분위기로 변하면서 화자의 고뇌와 불안 그리고 꺼져가는 희망을 그리고 있다.

그로데크

저녁 가을 숲에 살생의 무기 소리가
울려 퍼지고, 곡식 무르익은 들녘과
푸른 호수 너머로 태양은
침울하게 굴러내린다.
죽어가는 병사의 부서진 입에서
터져 나오는 거친 비탄을 밤이 에워싼다.
버드나무 숲으로
신의 노여움이 깃든 붉은 먹구름이,
쏟아진 피가, 서늘한 달빛이 숨죽이며 모여든다.
모든 길은 시커먼 부패로 이어진다.
밤과 별이 그려내는 금빛 가지 아래
누이의 그림자가 적막한 숲을 흔들며 지나가니,
전사들의 넋과 피 흘리는 머리를 맞이하고자
갈대밭에 가을의 우울한 피리 소리가 나직이 퍼진다.
오 자랑스러운 슬픔이여! 그대들 굳건한 언약이여,
넋의 뜨거운 불꽃을 오늘 격렬한 고통이 태우고 있다.

태어나지 않은 후손.

Grodek

Am Abend tönen die herbstlichen Wälder
Von tödlichen Waffen, die goldnen Ebenen
Und blauen Seen, darüber die Sonne
Düstrer hinrollt; umfängt die Nacht
Sterbende Krieger, die wilde Klage
Ihrer zerbrochenen Münder.
Doch stille sammelt im Weidengrund
Rotes Gewölk, darin ein zürnender Gott wohnt
Das vergossne Blut sich, mondne Kühle;
Alle Straßen münden in schwarze Verwesung.
Unter goldnem Gezweig der Nacht und Sternen
Es schwankt der Schwester Schatten durch den
    schweigenden Hain,
Zu grüßen die Geister der Helden, die blutenden Häupter;
Und leise tönen im Rohr die dunkeln Flöten des Herbstes.
O stolzere Trauer! ihr ehernen Altäre
Die heiße Flamme des Geistes nährt heute ein gewaltiger
    Schmerz,

Die ungebornen Enkel.

심연

추수 끝난 밭에 검은 비가 내린다.
잎이 진 나무 한그루 외로이 서 있고
쉿쉿 바람 소리가 텅 빈 오두막을 맴도니
얼마나 우울한 저녁인가.

마을을 지나서
여인은 홀로 남겨진 벼 이삭을 모은다.
그녀의 눈동자는 황혼에 둥근 금빛으로 출렁이고
그녀의 품은 천상의 신랑을 애타게 기다린다.

집으로 가는 길에
목동들은 가시덤불 속에서
사랑스런 육신을 찾았다.

저 멀리 어두운 마을에 드리운 그림자 되어
숲속 샘에서
나는 신의 침묵을 마셨다.

내 이마를 차가운 금속이 짓누른다.
거미들이 내 심장을 찾는다.
내 입속에서 빛이 꺼진다.

De profundis

Es ist ein Stoppelfeld, in das ein schwarzer Regen fällt.
Es ist ein brauner Baum, der einsam dasteht.
Es ist ein Zischelwind, der leere Hütten umkreist.
Wie traurig dieser Abend.

Am Weiler vorbei
Sammelt die sanfte Waise noch spärliche Ähren ein.
Ihre Augen weiden rund und goldig in der Dämmerung
Und ihr Schoß harrt des himmlischen Bräutigams.

Bei der Heimkehr
Fanden die Hirten den süßen Leib
Verwest im Dornenbusch.

Ein Schatten bin ich ferne finsteren Dörfern.
Gottes Schweigen
Trank ich aus dem Brunnen des Hains.

Auf meine Stirne tritt kaltes Metall
Spinnen suchen mein Herz.
Es ist ein Licht, das in meinem Mund erlöscht.

별들의 오물과 먼지로 가득한
들판을 나는 밤마다 찾았다.
개암나무 덤불에서
수정 같은 천사들의 소리가 다시 울렸다.

Nachts fand ich mich auf einer Heide,
Starrend von Unrat und Staub der Sterne.
Im Haselgebüsch
Klangen wieder kristallne Engel.

이반 골

Yvan Goll (1891-1958)

유대계 프랑스-독일 작가인 골은 프랑스령 알자스에서 태어나고 파리에서 활동하다 그곳에서 삶을 마감했지만, 독일어와 프랑스어로 작품활동을 했다. 골이 여섯 살 되던 해에 아버지가 죽자 어머니는 아들의 학업을 위해서 당시 독일에 속한 지역으로 이주했고, 골은 스트라스부르크, 프라이부르크, 뮌헨 대학에서 법학과 철학을 전공했다. 반전주의자였던 골은 1차 대전이 발발하자 스위스로 망명하고, 여기에서 모더니즘 작가들과 교류했다. 전쟁 후 파리로 이주하였으나 2차 대전이 발발하자 뉴욕으로 망명하였다가 나치의 패망 후 다시 파리로 돌아왔다. “운명적으로 유대인이 되었고, 우연히 프랑스에서 태어났으며 서류에는 독일인으로 기록되었다.”는 그의 고백은 망명자와 이주자로서의 고단한 삶, 그리고 소속감과 정체성 갈등을 말해준다. 「오르페우스」는 격동의 시대에 끝없이 부유했던 시인의 방랑을 그리고 있다.

오르페우스

교외선 열차를 탈 때면
그대처럼 눈가에 꿈이 어린,
벨벳 모자를 쓴 여인이 앉아있구나!
나는 모든 오페라 극장의 객석을 뒤지고
툴레로 가는 모든 증기선의 표를 가지고 있지.
에우리디케여, 내가 한번 뒤돌아보았기에
그대를 잃어버린 이래로
나는 지상의 모든 여인들을
사방으로 찾아다닐 수 밖에 없다오.

Orpheus

Ich steig in jeden Vorortzug.
In dem eine Frau mit Samthut sitzt
Und Traum um die Augen wie du!
In allen Opernhäusern such ich die Logen ab,
Für jeden Dampfer nach Thule hab ich Karten:
Seit ich, Eurydike, dich verlor
Weil ich mich einmal umsah
Muss ich mich umsehn
Nach allen Frauen der Erde.

베르톨트 브레히트

Bertolt Brecht (1898-1956)

"어두운 시대에도 노래부를 수 있는가? 노래를 부를 것이다 어두운 시대에 대해서."라는 망명 중에 쓴 시의 구절은 브레히트 시문학의 특성을 잘 보여준다. 브레히트는 자연에 대해 시를 쓰는 것은 현실의 범죄를 간과하거나 이에 대해 침묵하는 것으로, 어두운 현실에 대해 함께 책임이 있다고 말한다. 이는 '암울한 시대'로, 자연을 노래하는 '서정시를 쓰기 힘든 시대'이기 때문이다. 그는 인간과 세계를 부단히 변화하여 발전되어 나가는 생성과정에서 보았기에 불의와 속박에 저항하며 인간적인 세상을 꿈꾸었다. 1933년 히틀러가 권력을 장악하자 망명길에 오른 후, 프라하, 빈, 취리히, 파리, 덴마크, 미국 등에서 피난 생활을 했다.

15년간의 망명 생활을 끝내고 전후 동베를린에 정착하여 극단 '베를린 앙상블'을 창단하고, 서사극 이론을 무대에서 실현했다. 서사극 이론과 뛰어난 희곡작품을 통하여 세계적 명성을 얻은 브레히트는 수많은 시를 쓴 시인이기도 하다.

「마리아를 추억하며」는 아욱스부르크 시절에 만났던 로자 마리 아만에 대한 추억을 회상하고 있다. 「유혹되지 말라」는 신과 내세를 부정하고 현세의 삶만을 긍정하고 있으며, 「후손들에게」는 후세대를 향한 브레히트의 메시지를 담고 있다. 그는 어둡고 암울한 현실에서도 이상적인 미래를 꿈꾸며, 후손들에게 포기하지 말 것을 당부하고 있다.

마리아를 추억하며

1.

푸르른 9월 어느 날
어린 자두나무 아래서 말없이
그녀를 안았다. 조용하고 창백한 사랑은
내 품에서 달콤한 꿈과 같았다.
우리 위로 아름다운 여름 하늘에
떠있는 구름을 나는 오랫동안 바라보았건만
순결하고 닿을 수 없이 높았다.
내 다시 바라보았을 때 이미 사라지고 없었다.

2.

그날 이후 숱한 세월이
소리 없이 흘러 지나갔다.
자두나무들은 베어졌을런지도.
그 사랑은 어떻게 되었냐고 그대는 내게 묻는가?
생각나지 않는다고 말하겠다.
그대가 묻는 의미를 분명 알지만
그녀의 얼굴이 정말 생각나지 않는다.
언제가 그 얼굴에 입 맞추었다는 것만 생각난다.

Erinnerung an die Marie A.

1.

An jenem Tag im blauen Mond September
Still unter einem jungen Pflaumenbaum
Da hielt ich sie, die stille bleiche Liebe
In meinem Arm wie einen holden Traum.
Und über uns im schönen Sommerhimmel
War eine Wolke, die ich lange sah
Sie war sehr weiß und ungeheuer oben
Und als ich aufsah, war sie nimmer da.

2.

Seit jenem Tag sind viele, viele Monde
Geschwommen still hinunter und vorbei
Die Pflaumenbäume sind wohl abgehauen
Und fragst du mich, was mit der Liebe sei?
So sag ich dir: Ich kann mich nicht erinnern.
Und doch, gewiß, ich weiß schon, was du meinst
Doch ihr Gesicht, das weiß ich wirklich nimmer
Ich weiß nur mehr: Ich küsste es dereinst.

3.

그 입맞춤도, 그때 구름이 떠있지 않았더면
오래전에 잊었을 거다.
나는 아직도 기억하며 영원히 잊지 않을 거다
천상에서 내려온 순백의 구름을.
자두나무는 여전히 꽃피우고 있겠지.
그 여인은 이제 일곱 명의 아이가 있을런지도.
하지만 그 구름은 잠깐 피었다가
내가 바라보았을 때 바람 속으로 이미 사라졌지.

3.

Und auch den Kuss, ich hätt' ihn längst vergessen
Wenn nicht die Wolke da gewesen wär
Die weiß ich noch und werd ich immer wissen
Sie war sehr weiß und kam von oben her.
Die Pflaumenbäume blühn vielleicht noch immer
Und jene Frau hat jetzt vielleicht das siebte Kind
Doch jene Wolke blühte nur Minuten
Und als ich aufsah, schwand sie schon im Wind.

유혹되지 마라

그대들, 유혹되지 마라!
삶의 윤회는 없다.
그날이 집 안에 들어서니
그대들은 벌써 밤바람을 느낄 것이다.
아침은 다시 오지 않는다.

그대들, 속지 마라!
인생은 한줌 뿐이다.
마음껏 그것을 들이마시라!
그대들이 만끽하지 않는다면
충분하지 않은 것이다!

그대들, 현혹되지 마라!
시간이 많은 게 아니다!
구원받은 자에게는 곰팡이나 피게 하라!
가장 막강한 것은 삶이다.
삶은 더는 기다리지 않는다.

그대들, 유혹되지 마라!
노동과 착취에!

어찌 아직도 불안에 떠는가?
모든 동물과 마찬가지로 그대들도 죽을 것이니
그 후는 아무것도 없다.

Gegen Verführung

Laßt Euch nicht verführen!
Es gibt keine Wiederkehr.
Der Tag steht in den Türen,
ihr könnt schon Nachtwind spüren:
Es kommt kein Morgen mehr.

Laßt Euch nicht betrügen!
Das Leben wenig ist.
Schlürft es in vollen Zügen!
Es wird Euch nicht genügen,
wenn Ihr es lassen müßt!

Laßt Euch nicht vertrösten!
Ihr habt nicht zu viel Zeit!
Laßt Moder den Erlösten!
Das Leben ist am größten:
Es steht nicht mehr bereit.

Laßt Euch nicht verführen
Zu Fron und Ausgezehr!

Was kann Euch Angst noch rühren?
Ihr sterbt mit allen Tieren
und es kommt nichts nachher.

서정시를 쓰기 힘든 시대

나도 안다, 행복한 자만이
사랑받음을. 그의 목소리는
듣기 좋다. 그의 얼굴은 잘 생겼다.

마당의 휘어진 나무는
나쁜 토질을 드러낸다. 그런데
지나가는 사람들은 나무가 못생겼다고
당당히 욕한다.

해협의 산뜻한 보트와 흥겨운 돛단배들이
내 눈에 들어오지 않는다. 무엇보다
어부들의 찢긴 어망이 눈에 띌 뿐이다.
왜 나는 저기 걸어가고 있는
40대 소작농 아낙네의 굽은 허리만 얘기하는가?
처녀들의 젖가슴은
예나 이제나 따스한데.

나의 시에 들어있는 운율은
거의 오만처럼 느껴진다.
꽃피는 사과나무에 대한 감탄과
칠장이 연설에 대한 경악이
내 가슴 속에서 다투고 있다.
그러나 바로 두 번째 것이
나로 하여 시를 쓰게 한다.

Schlechte Zeit für Lyrik

Ich weiß doch: nur der Glückliche
Ist beliebt. Seine Stimme
Hört man gern. Sein Gesicht ist schön.

Der verkrüppelte Baum im Hof
Zeigt auf den schlechten Boden, aber
Die Vorübergehenden schimpfen ihn einen Krüppel
Doch mit Recht.

Die grünen Boote und die lustigen Segel des Sundes
Sehe ich nicht. Von allem
Sehe ich nur der Fischer rissiges Garnnetz.
Warum rede ich nur davon
Daß die vierzigjährige Häuslerin gekrümmt geht?
Die Brüste der Mädchen
Sind warm wie ehedem.

In meinem Lied ein Reim
Käme mir fast vor wie Übermut.
In mir streiten sich
Die Begeisterung über den blühenden Apfelbaum
Und das Entsetzen über die Reden des Anstreichers.
Aber nur das zweite
Drängt mich zum Schreibtisch.

후손들에게

Ⅰ.

참으로 나는 어두운 시대에 살고 있다!
순진한 언어는 어리석게 다가온다. 매끈한 이마는
그의 무감각을 드러낸다. 웃고 있는 사람은
끔찍한 소식을
아직 듣지 못했을 뿐이다.

나무에 관한 이야기가
그 많은 범죄행위에 대한 침묵을 의미하기에
거의 범죄가 되는 이 시대는 어떤 시대인가!
저기 느긋이 길을 건너는 사람은
곤경에 빠진 그의 친구들에게는
손닿을 수 없겠지?

내가 아직 먹고살 만큼 버는 건 사실이다.
하지만 믿어다오. 그것은 우연일 뿐. 내가
하는 어떤 행위도 내가 배불리 먹는 것을 정당화하지 못한다.
우연히 나는 살아남았을 뿐.
(내 행운이 다하면 나도 끝장이다.)

An die Nachgeborenen

I.

Wirklich, ich lebe in finsteren Zeiten!
Das arglose Wort ist töricht. Eine glatte Stirn
Deutet auf Unempfindlichkeit hin. Der Lachende
Hat die furchtbare Nachricht
Nur noch nicht empfangen.

Was sind das für Zeiten, wo
Ein Gespräch über Bäume fast ein Verbrechen ist.
Weil es ein Schweigen über so viele Untaten einschließt!
Der dort ruhig über die Straße geht
Ist wohl nicht mehr erreichbar für seine Freunde
Die in Not sind?

Es ist wahr: ich verdiene noch meinen Unterhalt
Aber glaubt mir: das ist nur ein Zufall. Nichts
Von dem, was ich tue, berechtigt mich dazu, mich sattzuessen.
Zufällig bin ich verschont.
(Wenn mein Glück aussetzt, bin ich verloren.)

사람들은 내게 말하길, 먹고 마시라! 네가 누릴 수 있는 것을 기뻐하라!
그러나 내가 먹는 것이 굶주린 자에게서 빼앗은 것이고,
내가 마시는 것이 목마른 자가 마실 물이라면
어떻게 내가 먹고 마실 수 있겠는가?
그럼에도 나는 먹고 마신다.

나도 현명해지고 싶다.
옛날 책에는 어떻게 사는 것이 현명한 것인지 쓰여 있다.
세상 싸움에 끼어들지 말고, 짧은 인생
걱정일랑 말고
또한 싸우지 말고
악을 선으로 갚고
자기 소원을 이루려 하지 말고 망각하는 것이
현명한 것이라고.
이 모든 것을 나는 할 수 없으니,
참으로 나는 어두운 시대에 살고 있다!

Ⅱ.

굶주림이 휩쓸던
혼돈의 시대에 나는 도시로 왔다.
격동의 시대에 사람들 사이에서
그들과 함께 분노했다.

Man sagt mir: iss und trink du! Sei froh, dass du hast!

Aber wie kann ich essen und trinken, wenn
Ich dem Hungernden entreiße, was ich esse, und
Mein Glas Wasser einem Verdurstenden fehlt?
Und doch esse und trinke ich.

Ich wäre gerne auch weise.
In den alten Büchern steht, was weise ist:
Sich aus dem Streit der Welt halten und die kurze Zeit
Ohne Furcht verbringen.
Auch ohne Gewalt auskommen,
Böses mit Gutem vergelten
Seine Wünsche nicht erfüllen, sondern vergessen,
Gilt für weise.
Alles das kann ich nicht:
Wirklich, ich lebe in finsteren Zeiten!

Ⅱ.

In die Städte kam ich zur Zeit der Unordnung
Als da Hunger herrschte.
Unter die Menschen kam ich zur Zeit des Aufruhrs
Und ich empörte mich mit ihnen.

이 세상에서 내게 주어진
나의 시간은 그렇게 흘러갔다.

싸움터에서 밥을 먹고
살인자들 사이에 누워 잠을 자고
되는대로 사랑에 빠지고
조급하게 자연을 바라보았다.
이 세상에서 내게 주어진
나의 시간은 그렇게 흘러갔다.

나의 시대에는 길들이 늪으로 이어졌다.
언어는 도살자들에게 나를 누설했다.
내가 할 수 있는 것은 거의 없었다. 그러나 지배자들은
더욱 편안하게 살고자 내가 없어지기를 원했고,
나도 그러기를 바랐다.
이 세상에서 내게 주어진
나의 시간은 그렇게 흘러갔다.

힘은 너무 약했다. 목표는
아득히 멀리 있었다.
내가 도달할 수 없을지라도
그것은 분명히 보였다.
이 세상에서 내게 주어진
나의 시간은 그렇게 흘러갔다.

So verging meine Zeit,
Die auf Erden mir gegeben war.

Mein Essen aß ich zwischen den Schlachten.
Schlafen legte ich mich unter die Mörder.
Der Liebe pflegte ich achtlos
Und die Natur sah ich ohne Geduld.
So verging meine Zeit,
Die auf Erden mir gegeben war.

Die Straßen führten in den Sumpf zu meiner Zeit.
Die Sprache verriet mich dem Schlächter.
Ich vermochte nur wenig. Aber die Herrschenden
Saßen ohne mich sicherer,
das hoffte ich.
So verging meine Zeit,
Die auf Erden mir gegeben war.

Die Kräfte waren gering. Das Ziel
Lag in großer Ferne
Es war deutlich sichtbar, wenn auch für mich
Kaum zu erreichen.
So verging meine Zeit,
Die auf Erden mir gegeben war.

Ⅲ.

우리는 잠겨 버린 밀물로부터
솟아올라 올 그대들
부탁하건대, 우리의 허약함을 이야기할 때
그대들이 겪지 않은
이 어두운 시대를
생각해주오.
신발보다도 더 자주 나라를 바꾸면서
불의만 있고 분노가 없을 땐 절망하면서
계층의 전투를 뚫고 우리는 살아왔다.

그러면서 우리는 알게 되었다.
비열함에 대한 증오도
표정을 일그러뜨리는 것을.
불의에 대한 분노도
목소리를 쉬게 하는 것을. 아, 우리는
친절한 우애를 위한 터전을 마련하고자 애썼지만
우리 스스로 우애롭지 못했다.

그러나 그대들은, 인간이 인간을 돕는
그런 세상을 맞거든
관대한 마음으로
우리를 생각해주오.

Ⅲ.

Ihr, die ihr auftauchen werdet aus der Flut
In der wir untergegangen sind
Gedenkt Wenn ihr von unseren Schwächen sprecht
Auch der finsteren Zeit
Der ihr entronnen seid.
Gingen wir doch,
öfter als die Schuhe die Länder wechselnd
Durch die Kriege der Klassen, verzweifelt
Wenn da nur Unrecht war und keine Empörung.

Dabei wissen wir doch:
Auch der Hass gegen die Niedrigkeit
verzerrt die Züge.
Auch der Zorn über das Unrecht
Macht die Stimme heiser. Ach, wir
Die wir den Boden bereiten wollten für Freundlichkeit
Konnten selber nicht freundlich sein.

Ihr aber, wenn es so weit sein wird
Dass der Mensch dem Menschen ein Helfer ist
Gedenkt unserer
Mit Nachsicht.

에리히 케스트너

Erich Kästner (1899-1974)

아이들을 위한 작품을 주로 쓴 케스트너는 사회 비판적인 메시지를 유머러스하게 표현한다. 1917년 포병부대에서 일하면서 목격한 전쟁의 참상이 그를 반전주의자요 평화주의자로 굳힌 계기가 된 듯하다. 히틀러 치하에서는 그의 작품이 불태워지기도 했다. 인류애와 정의로운 사회를 주장하고 현대의 삭막함과 이기주의를 비판하며 평화를 염원하는 그의 마음은 「그대는 아는가」에서도 잘 나타난다. 1928년에 쓴 이 시는 바이마르 공화국의 폭력적인 사회 분위기를 사실적으로 전달하며 전쟁 재발에 대한 경고를 담고 있다. 사람들은 맹목적으로 복종하고, 병사들을 생산하고 군대를 강화하기 위한 섹스와 교육이 행해진다. 그럼에도 평화롭고 행복한 나라를 만들어 갈 수 있는 가능성을 지닌 좋은 사람들도 있다는 것을 분명히 하고 있다. 「건조한 로맨스」는 제목처럼 시의 문장들도 간결하고 사무적이다. 시의 화자는 8년 동안의 관계가 깨지고 있음을 암시한다. 하지만 두 사람은 아무 일도 없었던 듯 만나서 커피를 마시지만 서로 말이 없다. 그들의 관계가 끝났음을 서로 느끼고 있다.

그대는 아는가, 대포 꽃이 피는 나라를?

그대는 아는가, 대포 꽃이 피는 나라를?
그대가 모른다고? 곧 알게 되리!
그곳의 일터는 병영같고
대리인은 오만하고 뻔뻔하지.

그곳에서는 넥타이 안으로 군복이 보이고
사람들은 보이지 않는 헬멧을 쓰고 다니지.
거기 사람들은 얼굴은 있지만 머리는 없어.
침대로 가는 자는 곧장 번식시키지!

상관이 요구하면
- 그가 하는 일은 명령하는 것뿐 -
뻣뻣이 굳어지며 생각이 멈추지.
눈은 우향! 다음 등 구르기!

그곳 아이들은 작은 박차를 달고
일자 가르마를 타고 태어나지.
그곳에서는 시민으로 태어나지 않아
주둥이를 닫는 자가 우대받는 곳이지.

Kennst Du das Land, wo die Kanonen blühn?

Kennst Du das Land, wo die Kanonen blühn?
Du kennst es nicht? Du wirst es kennenlernen!
Dort stehn die Prokuristen stolz und kühn
in den Büros, als wären es Kasernen.

Dort wachsen unterm Schlips Gefreitenknöpfe.
Und unsichtbare Helme trägt man dort.
Gesichter hat man dort, doch keine Köpfe.
Und wer zu Bett geht, pflanzt sich auch schon fort!

Wenn dort ein Vorgesetzter etwas will
– und es ist sein Beruf etwas zu wollen –
steht der Verstand erst stramm und zweitens still.
Die Augen rechts! Und mit dem Rückgrat rollen!

Die Kinder kommen dort mit kleinen Sporen
und mit gezognem Scheitel auf die Welt.
Dort wird man nicht als Zivilist geboren.
Dort wird befördert, wer die Schnauze hält.

그대는 아는가? 행복할 수도 있겠지,
행복하면서 행복하게 할 수 있을까?
거기에는 밭과 석탄, 철과 광석
그리고 땀과 힘, 다른 좋은 것들이 있지.

생각과 친절함이라는 것이 때로는 있기도 하지!
진정한 영웅심도. 하지만 매우 드물어.
그곳에서 남자 중 절반은 어린아이 수준이야.
아이는 납으로 만들어진 병정을 가지고 놀고 싶어하지.

그곳에서 자유는 무르익지 않아. 푸르뎅뎅하지.
세워지는 것은 병영시설 뿐이야.
그대는 아는가? 대포 꽃 피는 나라를?
그대가 모른다고? 곧 알게 되리!

Kennst Du das Land? Es könnte glücklich sein.
Es könnte glücklich sein und glücklich machen?
Dort gibt es Äcker, Kohle, Stahl und Stein
und Fleiß und Kraft und andre schöne Sachen.

Selbst Geist und Güte gibt's dort dann und wann!
Und wahres Heldentum. Doch nicht bei vielen.
Dort steckt ein Kind in jedem zweiten Mann.
Das will mit Bleisoldaten spielen.

Dort reift die Freiheit nicht. Dort bleibt sie grün.
Was man auch baut – es werden stets Kasernen.
Kennst Du das Land, wo die Kanonen blühn?
Du kennst es nicht? Du wirst es kennenlernen!

건조한 로맨스

사귄 지 팔 년이 지났을 때
(서로 잘 아는 사이라고 말할 수 있겠지)
두 사람의 사랑이 돌연 사라졌다.
타인의 지팡이나 모자처럼.

두 사람은 슬펐지만, 밝은 모습으로
아무 일 없는 듯 입 맞추었다.
그리고 서로 바라보며 어찌 할 바를 몰랐다.
여자는 결국 울음을 터뜨리고, 남자는 곁에 서 있을 뿐.

이럴 때 창가에서 배를 향해 손을 흔들 수도 있겠지.
남자가 말했다, 벌써 네 시 십오 분이군
어디 가서 커피나 마시면 좋겠네.
옆에서 누군가 피아노를 두드리고 있었다.

둘은 주변의 아주 작은 카페에 가서
각자의 찻잔을 젓고 있었다.
저녁에도 여전히 거기 앉아있었다.
홀로 남은 둘은 서로 말이 없었다.
할 말을 찾을 수 없었던 거다.

Sachliche Romanze

Als sie einander acht Jahre kannten
(und man darf sagen: sie kannten sich gut),
kam ihre Liebe plötzlich abhanden.
Wie andern Leuten ein Stock oder Hut.

Sie waren traurig, betrugen sich heiter,
versuchten Küsse, als ob nichts sei,
und sahen sich an und wußten nicht weiter.
Da weinte sie schließlich. Und er stand dabei.

Vom Fenster aus konnte man Schiffen winken.
Er sagte, es wäre schon Viertel nach Vier
und Zeit, irgendwo Kaffee zu trinken.
Nebenan übte ein Mensch Klavier.

Sie gingen ins kleinste Cafe am Ort
und rührten in ihren Tassen.
Am Abend saßen sie immer noch dort.
Sie saßen allein, und sie sprachen kein Wort
und konnten es einfach nicht fassen.

귄터 아이히

Günter Eich (1907-1972)

2차 세계대전 중 공군 사병으로 근무하다 미군의 포로가 되어 라인강변의 포로수용소에 수감되었던 아이히는 전쟁에 대한 체험을 토대로 현대인의 불안을 여러 각도에서 묘사했다. 1947년에 출판된 「소지품 목록」은 포로수용소 생활의 경험에서 나온 것이다. 화자는 간결한 단어들로 보잘것없는 소지품을 열거하면서 일상에서 사용하는 흔한 것들이 그에게는 소중한 소유물임을 말한다. 그가 시를 쓰는 한 자루 연필이 그가 가장 아끼는 물건이다. 짧고 간결하게 전후 시대 상황을 사실적으로 보여주는 독일 전후 폐허문학의 대표작품이다. 「뒷간」에서도 순수함 또는 이념을 상징하는 구름은 사라지고 부패의 상징인 오물이 현실을 대변한다. 전후의 비참하고 품위 잃은 상황을 묘사하고 있다.

하지만 존경하는 시인이요, 전후 독일 문학의 새로운 시작을 상징하기도 하는 횔덜린의 「회상」 시구절 인용은 아이히의 소망을 보여준다. 횔덜린이 1802년 가정교사를 하면서 잠시 머물렀던 프랑스 남쪽 보르도에 대한 추억을 담고 있는 이 시에서 가론느 강은 흘려보내고 또 채우면서 한결같은 자연을 대변한다. '기억을 빼앗고 되돌려 주기도 하는' 강은 흘러가지만 '시인은 그것을 머물게 한다'는 횔덜린의 마지막 시행처럼 폐허에서 새롭게 일어설 문학정신을 아이히는 얘기하고 있다.

소지품 목록

이것은 나의 모자
이것은 나의 외투
여기 아마포로 만든 주머니에는
나의 면도기.

통조림 깡통은
나의 접시, 나의 물잔,
그 하얀 양철통에
내 이름을 새겼다.

여기 이 귀한
못으로 새겼지,
모두 욕심내서
숨겨두었던 것이다.

빵 주머니 속에는
털양말 한 켤레,
그리고 아무에게도 보여주지 않은
몇 가지가 들어 있지,

Inventur

Dies ist meine Mütze,
dies ist mein Mantel,
hier mein Rasierzeug
im Beutel aus Leinen.

Konservenbüchse:
Mein Teller, mein Becher,
ich hab in das Weißblech
den Namen geritzt.

Geritzt hier mit diesem
kostbaren Nagel,
den vor begehrlichen
Augen ich berge.

Im Brotbeutel sind
ein Paar wollene Socken
und einiges, was ich
niemand verrate,

밤이면 베개처럼
머리를 받치는 주머니가 된다.
여기 이 마분지는
땅 바닥 위 침상.

내가 가장 아끼는 것은
연필심,
밤 중에 생각난 몇 줄의 시를
낮이면 적는다.

이것은 나의 메모장
이것은 나의 덮개
이것은 나의 수건
이것은 나의 바느질 연장.

so dient es als Kissen
nachts meinem Kopf.
Die Pappe hier liegt
zwischen mir und der Erde.

Die Bleistiftmine,
lieb ich am meisten:
Tags schreibt sie mir Verse,
die nachts ich erdacht.

Dies ist mein Notizbuch,
dies meine Zeltbahn,
dies ist mein Handtuch,
dies ist mein Zwirn.

뒷간

냄새나는 도랑 위로
피와 오줌 뒤범벅 종이 쪼가리,
번득이는 파리 떼에 에워싸여
쪼그려 앉아있는 나,

숲으로 덮인 강변으로,
정원들로, 난파된 보트로 향하는 눈길.
부패한 오물 덩어리 속으로 떨어지는
돌처럼 단단한 똥 소리.

횔덜린의 시 구절를
듣는 듯하다.
눈처럼 순수한
오줌에 비친 구름.

허나 이제는 가라
그리고 아름다운 가론느에게 인사하라
휘청대는 발아래로
구름이 떠간다.

Latrine

Über stinkendem Graben,
Papier voll Blut und Urin,
umschwirrt von funkelnden Fliegen,
hocke ich in den Knien,

den Blick auf bewaldete Ufer,
Gärten, gestrandetes Boot.
In den Schlamm der Verwesung
klatscht der versteinte Kot.

Irr mir im Ohre schallen
Verse von Hölderlin.
In schneeiger Reinheit spiegeln
Wolken sich im Urin.

Geh aber nun und grüße
die schöne Garonne
Unter den schwankenden Füßen
schwimmen die Wolken davon.

파울 첼란

Paul Celan (1920-1970)

작은 빈으로 불렸던 문화도시, 부코비나의 체르노비츠에서 태어난 첼란은 1948년 파리로 이주하였지만, 어디에도 속하지 못하고 떠도는 망명자의 삶을 1970년 세느강 투신으로 마쳤다. 아우슈비츠를 겪고 살아남은 유대인, 부모를 비롯해 사랑하는 사람들의 참혹한 학살을 오롯이 견뎌내야 했던 슬픔의 사람, 고향을 잃은 이방인, 왜곡된 역사와 감추어진 진실을 파헤치며 절망 속에서 희망을 노래한 시인이었다.

첼란은 독일어를 모국어로, 히브리어를 제2모국어로, 그리고 국어가 된 루마니아어를 말하며 자랐고, 새로운 언어를 쉽게 배우는 언어적 소질을 가졌음에도 '시는 모국어로 써야한다'고 믿었다. 하지만 독일어는 어머니를 통해 체득한 모국어이면서 학살자의 언어이며, 나치즘을 미화하고 홍보하는데 사용된 언어였다. 끔찍한 나치 만행에 편승하여 유쾌한 음을 내던 언어에 대한 회의와 진실을 드러낼 수 있는 참된 언어에 대한 갈망으로 첼란은 고독하고 고통스런 언어의 순례를 떠난다.

그리고 강제 수용소에서 집단으로 살해되어 한 줌의 재가 된 이들의 고통과 전후에도 여전히 야만적이고 비인간적인 현실을 진실한 언어로 증언하고자 몸부림쳤다.

「죽음의 푸가」에서 첼란은 "검은 우유"의 메타포로 유대인들의 고난과 죽음을 상징적으로 표현하며, 홀로코스트의 참상을 고발하고 있다. '가스실', '수용소', '화장터'와 같은 단어 없이도 인간 말살이라는 어두운 시대 역사를 생생히 전한다. "우리는 마신다"는 반복된 문장 속에서 죽음은 계속되는 현실로 묘사되며, 첫 시행의 "새벽의 검은 우유"로 시작되어 아침, 점심, 저녁, 밤으로 계속 이어지는, 마시는 행위는 끝없이 일어나고 있는 죽음의 행렬과 죽음 앞의 공포와 긴장을 그리고 있다. 무려 스무 번이나 반복되는 "우리가 마신다"는 읽는 이로 하여금 자신도 마시는 주체의 한 사람으로 여겨지게 하는 언어 주술적인 효과를 보인다. 시에 마침표가 전혀 없는 것도 죽음의 행렬이 계속되고 있음을 암시한다.

묘지 가까이

어머니, 남쪽 뱃머리의 바닷물은 아직 기억할까요?
당신에게 상처 낸 파도를.

물레방아 한가운데 있던 들판은 아직 생각할까요?
당신의 심장, 당신의 천사가 숨죽이며 참아낸 것을.

이제는 사시나무가, 수양버들이
당신의 고통을 덜 수 없고, 당신에게 위로가 될 수 없나요?

싹이 난 지팡이를 쥔 신이
언덕을 오르락 내리락 하지 않은가요?

아, 그리고 어머니, 언젠가, 집에서처럼, 참고 들으시나요?
이 낮은, 독일어의 고통스러운 운율을.

Nähe der Gräber

Kennt noch das Wasser des südlichen Bug,
Mutter, die Welle, die Wunden dir schlug?

Weiß noch das Feld mit den Mühlen inmitten,
wie leise dein Herz deine Engel gelitten?

Kann keine der Espen mehr, keine der Weiden,
den Kummer dir nehmen, den Trost dir bereiten?

Und steigt nicht der Gott mit dem knospenden Stab
den Hügel hinan und den Hügel hinab?

Und duldest du, Mutter, wie einst, ach, daheim,
den leisen, den deutschen, den schmerzlichen Reim?

죽음의 푸가

새벽의 검은 우유 우리는 그것을 저녁에 마신다
우리는 그것을 마신다 점심에 아침에 우리는 그것을 밤에 마신다
우리는 마시고 마신다
우리는 공중에 무덤을 판다 거기서 비좁지 않게 눕는다
한 남자가 집안에 있다 그는 뱀과 유희하며 편지를 쓴다
어두워지면 그는 독일로 편지를 쓴다 너의 금빛 머리 마가레테
그가 편지를 쓰고 집 앞에 나서면 별이 반짝인다 그는 자기
사냥개들을 휘파람으로 부른다
자기 유대인들을 휘파람으로 불러내어 땅에 무덤을 파게 한다
그가 우리에게 무도곡을 연주하라고 명령한다

새벽의 검은 우유 우리는 너를 밤에 마신다
우리는 너를 마신다 아침에 점심에 우리는 너를 저녁에 마신다
우리는 마시고 마신다
한 남자가 집안에 있다 그는 뱀과 유희하며 편지를 쓴다

Todesfuge

Schwarze Milch der Frühe wir trinken sie abends
wir trinken sie mittags und morgens wir trinken sie nachts
wir trinken und trinken
wir schaufeln ein Grab in den Lüften da liegt man nicht eng
Ein Mann wohnt im Haus der spielt mit den Schlangen der schreibt
der schreibt wenn es dunkelt nach Deutschland dein goldenes Haar Margarete
er schreibt es und tritt vor das Haus und es blitzen die Sterne er pfeift seine Rüden herbei
er pfeift seine Juden hervor läßt schaufeln ein Grab in der Erde
er befiehlt uns spielt auf nun zum Tanz

Schwarze Milch der Frühe wir trinken dich nachts
wir trinken dich morgens und mittags wir trinken dich abends
wir trinken und trinken
Ein Mann wohnt im Haus der spielt mit den Schlangen der schreibt

어두워지면 그는 독일로 편지를 쓴다 너의 금빛 머리 마가레테
너의 잿빛 머리 슐라밋 우리는 공중에 무덤을 판다 거기서
비좁지 않게 눕는다

그가 외친다 더 깊이 땅속으로 파들어 가라 너희 한 무리는
노래하고 다른 무리는 연주하라
그는 허리에 찬 권총을 잡는다 그는 그것을 휘두른다 그의
눈은 푸르다
더 깊이 삽을 박아라 다른 무리는 무도곡을 계속 연주하라

새벽의 검은 우유 우리는 너를 밤에 마신다
우리는 너를 마신다 점심에 아침에 우리는 너를 저녁에 마신다
우리는 마시고 마신다
한 남자가 집안에 있다 너의 금빛 머리 마가레테
너의 잿빛 머리 슐라밋 그가 뱀과 유희한다

그가 외친다 죽음을 더 달콤하게 연주하라 죽음은 독일에서
온 마이스터
그가 외친다 바이올린을 더 어둡게 켜라 그러면 너희가 연기가
되어 공중으로 올라가리라
그러면 너희는 구름 속에 무덤을 갖게 되고 거기서는 좁지
않게 누우리라

der schreibt wenn es dunkelt nach Deutschland dein goldenes Haar Margarete
Dein aschenes Haar Sulamith wir schaufeln ein Grab in den Lüften da liegt man nicht eng

Er ruft stecht tiefer ins Erdreich ihr einen ihr andern singet und spielt
er greift nach dem Eisen im Gurt er schwingts seine Augen sind blau
stecht tiefer die Spaten ihr einen ihr anderen spielt weiter zum Tanz auf

Schwarze Milch der Frühe wir trinken dich nachts
wir trinken dich mittags und morgens wir trinken dich abends
wir trinken und trinken
ein Mann wohnt im Haus dein goldenes Haar Margarete
dein aschenes Haar Sulamith er spielt mit den Schlangen

Er ruft spielt süßer den Tod der Tod ist ein Meister aus Deutschland
er ruft streicht dunkler die Geigen dann steigt ihr als Rauch in die Luft
dann habt ihr ein Grab in den Wolken da liegt man nicht eng

새벽의 검은 우유 우리는 너를 밤에 마신다
우리는 너를 점심에 마신다 죽음은 독일에서 온 마이스터
우리는 너를 마신다 저녁에 아침에 우리는 마시고 마신다
죽음은 독일에서 온 명수 그의 눈은 푸르다
그는 탄알로 너를 맞춘다 그는 너를 정확히 맞춘다
한 남자가 집안에 있다 너의 금빛 머리 마가레테
그는 그의 사냥개들을 우리에게 몰아댄다 우리에게 공중의
무덤을 선사한다
그는 뱀과 유희하며 꿈을 꾼다 죽음은 독일에서 온 마이스터

너의 금빛 머리 마가레테
너의 잿빛 머리 슐라밋

Schwarze Milch der Frühe wir trinken dich nachts
wir trinken dich mittags der Tod ist ein Meister aus Deutschland
wir trinken dich abends und morgens wir trinken und trinken
der Tod ist ein Meister aus Deutschland sein Auge ist blau
er trifft dich mit bleierner Kugel er trifft dich genau
ein Mann wohnt im Haus dein goldenes Haar Margarete
er hetzt seine Rüden auf uns er schenkt uns ein Grab in der Luft
er spielt mit den Schlangen und träumet der Tod ist ein Meister aus Deutschland

dein goldenes Haar Margarete
dein aschenes Haar Sulamith

미래의 북녘 강에서

미래의 북녘 강에서
그물을 던진다, 그대가
돌로 쓰인
그림자로
주저하며 무게를 준 그물을.

In den Flüssen nördlich der Zukunft

In den Flüssen nördlich der Zukunft
werf ich das Netz aus, das du
zögernd beschwerst
mit von Steinen geschriebenen
Schatten.

진실이 단념한 꿈의 유물에 매달린 채

진실이
단념한 꿈의 유물에 매달린 채
어린아이 되어
산등성이를 넘어온다.

흙덩이, 자갈,
눈의 씨앗에 에워싸인
골짜기의 지팡이는
저 높이 꽃피는 부정 속에서
- 그 화관 속에서
겹겹이 펼쳐진다.

Die Wahrheit, angeseilt an die entäußerten Traumrelikte

Die Wahrheit, angeseilt an
die entäußerten Traumrelikte,
kommt als ein Kind
über den Grat.

Die Krücke im Tal,
von Erdklumpen umschwirrt,
von Geröll, von Augensamen,
blättert im hoch
oben erblühlenden Nein – in der
Krone.

찬미가

누구도 아닌 자가 우리를 다시 흙과 점토로 빚으니,
누구도 우리가 티끌이었다고 말하지 않으리.
누구도 아닌 자.

찬양하리로다, 누구도 아닌 자여.
당신을 위하여
우리는 피어나려 합니다.
당신을 향하여.

무이었던 우리, 여전히 무이며,
무로 남으리니, 꽃을 피우며.
무의
그 누구도 아닌 자의 장미.

암술대는 영혼처럼 밝고,
꽃실은 하늘처럼 황량하고,
화관은 가시를
가시를 노래한
자색어의 핏빛 같은
모습으로.

Psalm

Niemand knetet uns wieder aus Erde und Lehm,
niemand bespricht unseren Staub.
Niemand.

Gelobt seist du, Niemand.
Dir zulieb wollen
wir blühn.
Dir entgegen.

Ein Nichts waren wir, sind wir, werden
wir bleiben, blühend:
die Nichts –, die
Niemandsrose.

Mit dem Griffel seelenhell,
dem Staubfaden himmelswüst,
der Krone rot
vom Purpurwort, das wir sangen
über, o über
dem Dorn.

에리히 프리트

Erich Fried (1921-1988)

프리트가 오스트리아에서 고등학교를 다닐 때 독일군의 탱크가 그곳을 무력으로 장악했다. 며칠 후 아버지는 게슈타포에 끌려가서 고문당하다가 사망했다. 프리트는 오스트리아를 떠나 영국으로 망명하여 글쓰기를 시작했다. "그리도 많은 범죄에 대한 침묵을 담고 있기에 나무에 대한 대화가 거의 범죄가 되는 이 시대는 무슨 시대인가!" 라고 외치며 서정시를 쓰기 힘든 시대를 비판한 브레히트의 현실 참여 문학에 깊이 영향받은 프리트는 「나무에 대한 대화」에서 자연에 대한 대화가 불의한 현실과 이 속에서 고통받는 이들을 외면한 것이라고 지적한다. 사과나무, 배나무가 있는 정원을 얘기하며, 아이들에 대한 걱정 그리고 집수리와 함께 보험료 상승을 생각하는 첫 번째 화자는 안정된 계층에 있는 자를 대변하며 이웃과 사회 현실에 대한 무관심을 나타낸다.

'내 집', '내 사과', '내 아이들'이라는 표현은 단지 자신의 편안함과 행복을 추구하는 그의 생각을 잘 드러낸다. 반면에 두 번째 화자는 베트남에서 벌어지고 있는 어두운 현실을 얘기하면서 '바로 당신들이 그들에게 베푼 것이죠'라는 시의 마무리를 통해 현실을 외면한 자연에 대한 이야기가 범죄행위에 대한 묵인이요, 동조라고 질책한다. 두 화자의 대화를 통해서 프리트는 소시민적인 안일함에 대한 비판을 넘어서 자연시에 대한 비판, 즉 나치의 만행에 침묵하며 자연을 노래한 시인들을 비판하고 있다. 서독 정치시의 대표 작가인 프리트는 자연이 현실의 사회문제와 분리된 것이 아니라 자연을 통해 현실 문제를 제기하고, 사회비판에 생산적으로 작용할 수 있어야 한다고 본 것이다.

나무에 대한 대화

정원사가 나뭇가지를 쳐준 이후
내 사과들은 더욱 커졌지
그런데 배나무 잎사귀들은
병이 들었어. 잎들이 시들어 말리었네

베트남에서는 나무들마다 잎사귀가 시들어버렸죠

나의 아이들은 모두 건강하지
하지만 막내 아들이 걱정이야
그 녀석이 새 학교에서
적응을 잘 못하고 있지

베트남에서는 아이들이 죽어가고 있어요

내 집 천장은 잘 수리되었어
이제 창틀만 잘 다듬고
칠하면 되지. 화재 보험료가
집 값 상승으로 올랐어

베트남에서는 집들이 폐허가 되었어요

Gespräch über Bäume

Seit der Gärtner die Zweige gestuzt hat
sind meine Äpfel größer
Aber die Blätter des Birnbaums
sind krank. Sie rollen sich ein

In Vietnam sind die Bäume entlaubt

Meine Kinder sind alle gesund
Doch mein jüngerer Sohn macht mir Sorgen
er hat sich nicht eingelebt
in der neuen Schule

In Vietnam sind die Kinder tot

Mein Dach ist gut repariert
Man muß nur noch die Fensterrahmen
abbrennen und streichen. Die Feuerversicherungsprämie
ist wegen der steigenden Häuserpreise erhöht

In Vietnam sind die Häuser Ruinen

참 따분한 인간이군!
무슨 얘기를 하던지
베트남을 들먹이니!
좀 편하게 세상을 살아야지

베트남에서는 벌써 많은 사람들이 편히 쉬고 있어요
바로 당신들이 그들에게 베푼 것이죠

Was ist das für ein langweiliger Patron?
Wovon man auch redet
er kommt auf Vietnam zu sprechen!
Man muß einem Ruhe gönnen in dieser Welt:

In Vietnam haben viele schon Ruhe
Ihr gönnt sie ihnen

죽기 전에

다시 한번 말하니
삶의 따스함에 대하여
몇 사람이라도 더 깨닫기를:
삶은 따스하지 않지만
따스할 수 있다는 것을.

내 죽기 전에
다시 한번 말하니
사랑에 대하여
몇 사람이라도 말할 수 있기를:
사랑은 있었고
사랑은 있어야한다는 것을.

다시 한번 말하니
행운을 소망하는 행운에 대하여
몇 사람이라도 의문 갖기를:
행운은 무엇이었고
언제 다시 오는 걸까?

Bevor ich sterbe

Noch einmal sprechen
von der Wärme des Lebens
damit doch einige wissen:
Es ist nicht warm
aber es könnte warm sein.

Bevor ich sterbe
noch einmal sprechen
von Liebe
damit doch einige sagen:
Das gab es
das muss es geben.

Noch einmal sprechen
vom Glück der Hoffnung auf Glück
damit doch einige fragen:
Was war das
wann kommt es wieder?

숨지 말기

숨지 말기
시대의
문제 앞에서
사랑 속으로

숨지도 말기
사랑 앞에서
시대의
문제 속으로

Kein Unterschlupf

Nicht sich verstecken
vor den Dingen
der Zeit
in die Liebe

Aber auch nicht
vor der Liebe
in die Dinge
der Zeit

에른스트 얀들

Ernst Jandl (1925-2000)

'빈의 반 서정시인'으로 불리는 얀들은 "구체시" 운동에 적극적이었다. 오이겐 곰링어에 의해 1950년대 시작된 구체시는 언어외적 현실을 그대로 묘사하지 않고 시 자체를 언어성찰의 대상으로 만들면서, 언어와 언어요소들로 주제를 담아내려는, 즉 의미학적 시에 대한 도전이다. 얀들은 초창기 구체시의 '의미 결핍' 문제를 보완하면서 구체시의 한계를 보완하려 했다.

「이카로스」는 자유를 꿈꾸는 예술가 정신을 그리고 있다. 게, 오징어 같은 것들은 땅을 고집하며 떠나려 하지 않지만, 이카로스는 삼라만상 위로 높이 올라 비행의 위대한 자유를 꿈꾸고 있다. 그가 하늘에서 땅으로, 하늘에서 바다로 추락하지만 그는 여전히 다른 사람들 위에 있음을 얀들은 마지막 시행에서 역설적으로 묘사한다.

「아빠 돌아와 말해 주세요」는 돌아오지 않은 아빠를 부르면서, 아이는 아빠가 참전하게 된 것, 총을 쏘게 된 상황, 부상과 전사당한 일들을 설명하도록 요구한다. 시는 아버지가 전쟁에 대해 얘기하도록 아이의 반복되는 요구로 마무리된다. 아이는 어른들에게 전쟁의 참상을 인식시키려는 대변자로서 아이의 순수함과 호기심 어린 질문으로 성인 독자들에게 전쟁의 참혹함을 폭로한다. 「방향」에서 얀들은 독일어 철자 "l"과 "r"의 발음이 자주 혼돈을 일으키는 것을 토대로 단어 철자를 의도적으로 바꾸어서 혼동할 수 없다는 두 자음이 혼돈을 일으키는 상황을 언어로 보여준다.

이카로스

그가 높이 날아올랐다
사람들 위에서.
모래 속에는
게와 오징어 같은 것들이 머물러 있지.
그가 더 높이 날아올랐다
그의 아버지보다, 예술 천재
다이달로스보다 더 높이.
태양은 그의 날개 깃털을 뽑았다.
밀랍이 그의 날개에서 뚝뚝 떨어졌다.
이카로스가 날아올랐다.
이카로스가 떨어졌다.
이카로스가 떨어져 내렸다
사람들 위에서 높이.

Ikarus

Er flog hoch
über den anderen.
Die blieben im Sand
Krebse und Tintenfische.
Er flog höher
als sein Vater, der kunstgewandte
Dädalus.
Federn zupfte die Sonne aus seinen Flügeln.
Tränen aus Wachs tropften aus seinen Flügeln
Ikarus flog.
Ikarus ging unter.
Ikarus ging unter
hoch über den anderen.

여름 노래

우리는 지금 잔디 위 사람
하지만 곧 잔디 아래 사람
그리고 잔디가 되고, 숲이 되어
흥겨운 땅의 체류자가 된다

Sommerlied

wir sind die menschen auf den wiesen
bald sind wir menschen unter den wiesen
und werden wiesen, und werden wald
das wird ein heiterer landaufenthalt

아빠 돌아와 말해주세요 전쟁에 대해

아빠 돌아와 말해주세요 전쟁에 대해
아빠 돌아와 말해주세요 어떻게 징집된 건지
아빠 돌아와 말해주세요 어떻게 총을 쏘게 되었는지
아빠 돌아와 말해주세요 어쩌다 부상당했는지
아빠 돌아와 말해주세요 어쩌다 전장에서 죽었는지
아빠 돌아와 말해주세요 전쟁에 대해

vater komm erzähl vom Krieg

vater komm erzähl vom krieg
vater komm erzähl wiest eingrückt bist
vater komm erzähl wiest gschossen hast
vater komm erzähl wiest verwundt worden bist
vater komm erzähl wiest gfallen bist
vater komm erzähl vom krieg

향방

흔히 말하기를
왼쪽과 오른쪽은
혼동할 수 없다는 거지
이 무슨 억측인가!

Lichtung

manche meinen
lechts und rinks
kann man nicht velwechsern
werch ein illtum!

잉게보르크 바흐만

Ingeborg Bachmann (1926-1973)

오스트리아 클라겐푸르트에서 출생한 바흐만은 1956년 「하이데거의 실존철학」으로 박사학위를 받았다. 하지만 하이데거가 자신의 칠순 기념 논문집에 바흐만과 첼란의 시를 싣고 싶어 부탁했을 때 두 사람은 하이데거의 부탁을 거절했다. 1935년 하이데거가 나치즘을 환영하는 총장연설을 하였고, 그가 마지막까지 나치당에 머물렀다는 사실을 두 시인은 묵과할 수 없었다. 바흐만과 첼란은 1948년 첼란이 빈에 잠시 머물던 시기에 알게 되고, 첼란이 파리로 이주 후에는 이십여 년 동안 편지를 주고받았다. 첼란은 「코로나」에서 "우리는 서로 어두움을 얘기한다. 우리는 서로 양귀비와 기억처럼 사랑한다."고 바흐만과의 관계를 표현하고 있다. 운명적인 만남과 사랑 그리고 충족되지 않은 서로에 대한 기대가 두 시인의 여러 작품에서 고통스런 흔적을 남기고 있다.

「거대한 수학물」은 죽음을 묘사한다. '태양선'은 이집트 신화에 의하면 저승으로 인도하는 배이다. 갈매기는 죽음의 새로서 울부짖으며 항해를 동반한다. 시에서 화자는 피할 수 없는 죽음을 담담히 마주하고 있다.

1953년에 발표된 「유예된 시간」은 시대 불안, 종말론적 세계로 해석되거나 남성 중심 사회에서 남성 지배욕에 의해 희생되는 여성의 모습으로 해석되기도 한다. 바흐만이 여성의 죽음을 주제로 한 삼부작 『죽음의 방식들』 중 하나인 『말리나』에서 벽 속으로 사라지는 여주인공처럼 이 시에서 여성 화자는 모래 속으로 사라진다.

거대한 수확물

여름의 거대한 수확물이 실리고
항구의 태양선은 떠날 채비를 한다.
그대 뒤에서 갈매기가 추락하고 울부짖으면
여름의 거대한 수확물은 실린다.

항구의 태양선은 준비를 마치고
뱃머리 조각상의 입술 위로
혼령들의 미소가 뚜렷하다.
항구의 태양선은 준비되었다.

그대 뒤에서 갈매기가 추락하고 울부짖으면
서쪽에서 침몰 명령이 온다.
눈을 뜬 채 그대는 빛 속에서 익사하리니
그대 뒤에서 갈매기가 추락하고 울부짖으면.

Die große Fracht

Die große Fracht des Sommers ist verladen,
das Sonnenschiff im Hafen liegt bereit,
wenn hinter dir die Möwe stürzt und schreit.
Die große Fracht des Sommers ist verladen.

Das Sonnenschiff im Hafen liegt bereit,
und auf die Lippen der Galionsfiguren
tritt unverhüllt das Lächeln der Lemuren.
Das Sonnenschiff im Hafen liegt bereit.

Wenn hinter dir die Möwe stürzt und schreit,
kommt aus dem Westen der Befehl zu sinken;
doch offnen Augs wirst du im Licht ertrinken,
wenn hinter dir die Möwe stürzt und schreit.

유예된 시간

더 혹독한 날들이 다가오고 있다.
폐기 판결로 유예된 시간이
수평선에 나타난다.
곧 그대는 신발끈을 묶고
개들을 습지 농장으로 쫓아 보내야 한다.
물고기의 내장이
바람에 차가워졌기 때문이다.
루핀 등불이 희미하게 타고 있다.
안개 속에서 흔적을 찾는 그대의 시선,
폐기 판결로 유예된 시간이
수평선에 나타나고 있다.

저 너머로 그대 연인이 모래 속에서 가라앉고
모래는 흩날리는 그녀 머리카락 주위로 쌓이고
모래는 그녀의 말을 막고
침묵을 명하며
포옹이 끝날 때마다
작별 준비를 하며
죽어가는 그녀를 본다.

Die gestundete Zeit

Es kommen härtere Tage.
Die auf Widerruf gestundete Zeit
wird sichtbar am Horizont.
Bald mußt du den Schuh schnüren
und die Hunde zurückjagen in die Marschhöfe.
Denn die Eingeweide der Fische
sind kalt geworden im Wind.
Ärmlich brennt das Licht der Lupinen.
Dein Blick spurt im Nebel:
die auf Widerruf gestundete Zeit
wird sichtbar am Horizont.

Drüben versinkt dir die Geliebte im Sand,
er steigt um ihr wehendes Haar,
er fällt ihr ins Wort,
er befiehlt ihr zu schweigen,
er findet sie sterblich
und willig dem Abschied
nach jeder Umarmung.

뒤돌아보지 마라.
신발끈을 묶어라.
개들을 쫓아 보내라.
물고기들을 바다로 던져라.
등불을 끄라!

더 혹독한 날이 다가오고 있다.

Sieh dich nicht um.
Schnür deinen Schuh.
Jag die Hunde zurück.
Wirf die Fische ins Meer.
Lösch die Lupinen!

Es kommen härtere Tage.

그림자 장미 그림자

낯선 하늘 아래
그림자 장미
그림자
낯선 땅 위
장미와 그림자 사이
낯선 물속에
나의 그림자.

Schatten Rosen Schatten

Unter einem fremden Himmel
Schatten Rosen
Schatten
auf einer fremden Erde
zwischen Rosen und Schatten
in einem fremden Wasser
mein Schatten.

태양에

감탄스런 달, 고귀한 달빛보다 더 아름다운
밤의 자랑스런 훈장인 별보다 더 아름다운
혜성의 불타는 등장보다 더 아름다운
당신과 나의 삶이 날마다 매달려있기에
여느 천체보다 더 아름다운 것으로 소명받은 태양.

떠오르며 할 일을 잊지 않고
마무리하는 아름다운 태양
하루가 해안에서 수증기 되어 사라지고
당신이 노곤해지기까지 당신 눈 위로
돛들이 고요히 스쳐 지나가는
가장 아름다운 여름 날 서둘러 마무리한다.

태양 없이는 예술도 다시 베일을 쓰고
당신은 내게서 모습을 감추고, 바다와 모래는
그림자 채찍을 받으며 내 눈꺼풀 아래로 숨어들지.

우리에게 온기를 주고, 우리를 지키며, 내가 다시 눈뜨도록
내가 당신을 다시 보도록 살뜰히 보살피는 아름다운 빛이여!

An die Sonne

Schöner als der beachtliche Mond und sein geadeltes Licht,
Schöner als die Sterne, die berühmten Orden der Nacht,
Viel schöner als der feurige Auftritt eines Kometen
Und zu weit Schönerem berufen als jedes andre Gestirn,
Weil dein und mein Leben jeden Tag an ihr hängt,
ist die Sonne.

Schöne Sonne, die aufgeht, ihr Werk nicht vergessen hat
Und beendet, am schönsten im Sommer, wenn ein Tag
An den Küsten verdampft und ohne Kraft
gespiegelt die Segel
Über dein Aug ziehn, bis du müde wirst
und das letzte verkürzt.

Ohne die Sonne nimmt auch die Kunst wieder den
Schleier, Du erscheinst mir nicht mehr, und die See und
der Sand, Von Schatten gepeitscht, fliehen unter mein Lid.

Schönes Licht, das uns warm hält, bewahrt und wunderbar
sorgt, Dass ich wieder sehe und dass ich dich wiederseh!

태양 아래 존재하는 것보다 더 아름다운 것은
태양 아래 없으리 ...

물속 해초를 보는 것, 비상을 숙고하는 하늘의 새를 보는 것, 저 아래 무리를 이룬 물고기를 보는 것 보다 더 아름다운 것은 없으니, 색을 입고 형상화되어 빛의 소명으로 이 땅에 왔기에, 당신이 치장한 옷을 입은 주변을, 드넓은 평야를, 내 나라의 구석구석을 보는 것보다 더 아름다운 것은 없다. 종형의 푸른 당신 옷을!

공작들이 한가로이 노닐다 몸을 숙이는 아름다운 파랑,
내 감정의 색깔을 담은 행복 영토의 파랑, 미지의 파랑,
수평선의 푸른빛 우연! 감동한 나의 눈은
다시 확장되어 반짝이고 데일 듯 타오른다.

티끌조차 최고의 찬사를 바치는 아름다운 태양
달과 별 때문에 나는 그리 하지 못하니
밤이 혜성들과 뽐내며 내 안에서
바보를 찾기 때문이 아니라
당신 때문이라오, 곧 영원히, 그 무엇도 아닌
당신을 더 이상 볼 수 없다는 슬픔 때문이라오.

Nichts Schönres unter der Sonne als unter
der Sonne zu sein ...

Nichts Schönres als den Stab im Wasser zu sehn und den Vogel oben, Der seinen Flug überlegt, und unten die Fische im Schwarm, Gefärbt, geformt, in die Welt gekommen mit einer Sendung von Licht, Und den Umkreis zu sehn, das Geviert eines Felds, das Tausendeck meines Lands Und das Kleid, das du angetan hast. Und dein Kleid, glockig und blau!

Schönes Blau, in dem die Pfauen spazieren und sich verneigen, Blau der Fernen, der Zonen des Glücks mit den Wettern für mein Gefühl, Blauer Zufall am Horizont! Und meine begeisterten Augen Weiten sich wieder und blinken und brennen sich wund.

Schöne Sonne, der vom Staub noch die größte Bewundrung gebührt, Drum werde ich nicht wegen dem Mond und den Sternen und nicht, Weil die Nacht mit Kometen prahlt und in mir einen Narren sucht, Sondern deinetwegen und bald endlos und wie um nichts sonst Klage führen über den unabwendbaren Verlust meiner Augen.

한스 마그누스 엔첸스베르거
Hans Magnus Enzensberger (1929-)

"그래 나는 회피했다. 마지막 탄알이 떨어지기까지 싸우는 일을 나는 하지 않았다. 부랑자에게 형제애 베풀기를. 이웃의 아프리카 봉선화에 때맞춰 물주는 일을."이라고 「태만죄」에서 시인은 말년에 자신의 과거를 돌아보며 그동안 자신이 소홀히 했던 일들을 고해한다. 나치 치하의 유년기 시절에 대한 회고는 "내가 어렸을 때 또 다른 별들이 존재했다. 구부러지고 눌린, 그리고 누군가가 닳아 헤진 회색 외투에 꿰매 붙였던." 이라고 「별들」에서 유대인의 고난을 묘사한다. 또 60년대 사회 변혁기에 철저히 투쟁하지 못한 것을 반성하는 자전적 시들, 그리고 나치 과거를 청산하지 못하는 문제를 지적하는 시들을 썼다. "나는 다양한 모습을 하고 있다. 나는 자신과 다르다. 나는 나를 파악할 수 없다. 나는 일시적일 수밖에 없다. 나는 부재중이다."는 「정체성 증명」의 시구절처럼 다양하고 모순에 가득한 시인 자신을 표현하기도 한다. 「유언」은 세상의 재물, 명예, 믿음 등 모든 것이 부질없음을 고백하며 사유와 번뇌를 상징하는 '몇 대의 궐련'만 남기고 떠나는 화자의 모습을 표현한다.

유언

내 얼굴을 간지럽히는 깃발을 치우라.
형형색색 내 정원이었던 곳에
내 고양이를 묻어라, 그곳에 묻어라.

철걱거리는 양철 화환을 내 가슴에서 치우라
쓰레기더미 위의 조각상들에 던져버리라
그리고 창녀에게 리본을 선사하라, 그녀가 치장하리라.

전화통에 대고 기도하라 하지만 전선을 자르라.
그렇지 않으면 웅덩이의 멍청한 물고기들을 위한
빵부스러기 가득 담았던 손수건으로 그 기도를 싸매라.

주교는 집에 남아서 술이나 마시게 하라.
그에게 럼주 한 통을 주라
설교 때문에 목마르리라.

그리고 나는 묘비와 묘석으로 만족하게 하라.
아무도 살지 않는, 새들을 위한 거리를
아름다운 현무암으로 포장하라.

Letztwillige Verfügung

Tut mir doch die Fahne aus dem Gesicht, sie kitzelt:
begrabt darin meine Katze, begrabt sie dort,
wo mein chromatischer Garten war.

Nehmt den Blechkranz von meiner Brust, er scheppert so:
werft ihn zu den Statuen auf den Schutt und schenkt die
Schleifen den Huren, damit sie sich schmücken.

Sprecht die Gebete ins Telefon, aber schneidet den Draht
ab: oder wickelt sie in ein Taschentuch voller Semmelbrösel
für die blöden Fische im Tümpel.

Soll der Bischof zu Haus bleiben und sich betrinken:
gebt ihm ein Fäßchen Rum, er wird Durst haben von der
Predigt.

Und laßt mich mit Denksteinen und Zylindern zufrieden:
pflastert mit dem schönen Basalt eine Gasse, die niemand
bewohnt, eine Gasse für Vögel.

내 가방 속에 어린 사촌을 위한 낙서로 가득한 종이가 있다.
그 종이로 비행선을 접어서 다리에서 멋지게 활공하여
강물에 가라앉게 하라.

나머지 것, 내복 바지 하나, 라이터 하나, 아름다운 오팔 하나
그리고 자명종 하나는 고물상에
웃돈을 곁들여 주라.

그리고 육신의 부활과 영생에 대해서는
그대들이 괜찮다면, 내 스스로 알아서 하리라.
그것은 내 일이지 않는가? 잘 살아라.

침대 탁자에 아직 몇 대의 궐련이 있구나.

In meinem Koffer ist viel bekritztes Papier für meinen winzigen Vetter: der soll Luftschiffe falten daraus, schön von der Brücke segelnde, die im Fluß ersaufen.

Was übrig bleibt: eine Unterhose ein Feuerzeug ein schöner Opal und ein Wecker, das müßt ihr Kallisthenes schenken, dem Lumpenhändler, und dazu ein gehöriges Trinkgeld.

Um die Auferstehung des Fleisches inzwischen und das ewige Leben werde ich mich, wenn es euch recht ist, selber bekümmern: es ist meine Sache, nicht wahr? Lebt wohl.

Im Nachttisch sind noch ein paar Zigaretten.

귄터 쿠네르트

Günter Kunert (1929-2019)

쿠네르트는 인간을 '선과 악을 동시에 품은 지적 야수'라고 보며 휴머니즘에 대한 근본적인 회의를 표명한다. 또 현대 문명은 인간의 이기적인 욕구에서 비롯된 자연 파괴를 수반하고 있다고 비판한다. 과학 기술을 맹신하는 인류에 대해서 비판적인 쿠네르트는 더 나은 삶을 위한 인간의 노력이 헛된 망상이라고 여겼다. 따라서 사람들이 소망하는 유토피아는 '살아서 닿을 수 없는 곳, 오로지 동경만이 추운 겨울을 나는 곳'으로 그려진다. 그는 자연을 어머니로 인식하는 인디언의 세계관을 추종하는데, 오늘날 생태계 복원을 위한 인간의 노력은 헛되고, 생태계 재생 가능성은 불가능하다고 본다.

1976년에 볼프 비어만의 시민권 박탈을 반대하는 청원에 선두주자로 서명하면서 SED(독일 사회주의 통일당)에서 내쫓기고, 1979년 구동독을 떠나서 서독에 정착하여 자유 문필가로 활동했다. 사회 비판적이며 정치적이고 철학적인 시인 쿠네르트는 「기한」에서 무한 속의 찰나 같은 삶을 대조적으로 보여준다. 「권고」에서는 앞으로 항해할 수 있는 원동력과 바람에 맞설 수 있는 힘을 상징하는 '돛'을 접지 말기를 권유하는데, 이는 시대에 대항하는 시인 자신을 향한 내적 다짐으로 보이기도 하다.

기한

태양은 하늘에서 그녀 위로 뜨겁게 쏟아져 내렸다
그리고 그녀 곁에 있던 내게도 쏟아졌다.
파도는 밀려왔다 밀려가길 끝없이
반복했다, 호기심에 가득차서 벌거벗은 연인들을 향하여.

그리 많은 모래더미 위로 한 줌의 육체
실로 많은 무한 속의 한 토막 기한
한 움큼의 삶 그리고 두 인생행로
그 위로 태양 그 아래로 어둠.

Frist

Und Sonne war und fiel heiß auf sie nieder
und fiel auf mich der ich doch bei ihr war.
Die Wellen gingen fort und kamen immer wieder
zurück voll Neugier zu dem nackten Paar.

Ein wenig Fleisch auf soviel Sandgehäufe
ein wenig Frist in ziemlich viel Unendlichkeit
ein wenig Leben und zwei Lebensläufe
darüber Sonne und darunter Dunkelheit.

권고

권고
돛을 접지 마라

배는 앞으로 나아갈 수 없다
돛이
바람에 똑바로 서 있지 않으면.

Empfehlung

Empfehlung
Sich nicht zu ducken:

Das Schiff liefe nicht vorwärts
Stünde nicht aufrecht im Wind
Das Segel.

사라 키르쉬

Sarah Kirsch (1935-2013)

키르쉬는 구동독에서 당작가연맹 회원으로 활동했으나 볼프 비어만의 시민권 박탈에 항의하는 서명운동에 가담하면서 작가연맹에서 제명된 후 1977년 서독으로 이주했다. 탁월한 작품성으로 동서 양 진영에서 주목받은 키르쉬는 사회 변혁을 주장하는 격정적인 어조보다는 삶의 모습을 잔잔하고 서정적으로 표현했다. 삶에서 가장 큰 공간을 차지하는 사랑은 키리쉬의 시에서 소중한 것, 성스러운 것으로 그려진다. 사랑하는 사람들이 겪는 기쁨, 행복감, 고독, 기다리는 연인의 슬픔, 좌절, 이별, 남녀의 열정적인 사랑의 순간과 희열, 환희, 일방적인 사랑의 고통, 홀로 남겨진 여인의 애타는 그리움, 슬픔과 증오 등 다양한 감정이 미묘하게 뒤섞인다.

「검은 콩알」은 커피콩을 갈았다가 다시 뭉쳐서 콩 모양으로 만드는 화자의 지루한 기다림과 외로움, 쓸쓸함을 표현하고 있다. 옷을 입었다 벗었다 화장을 했다 지우는 기다리는 사람의 초조함과 상대의 사랑에 대한 확신 없는 불안이 느껴진다. 「오늘 저녁」은 연인이 떠난 후 화자의 아직 정리되지 않은 마음을 보여준다. 건너편에 자동차 멈추는 소리에 그가 돌아온 게 아닌가 하는 기대가 혼자 남겨진 화자의 마음을 요동하게 한다.

흰 팬지 꽃 옆에서

공원의 흰 팬지꽃 옆
그가 명한 대로
버드나무 아래 서 있다
산발한 노인 마냥 잎 없는
버드나무가 말한다 거 봐, 그는 오지 않아

아, 그는 발을 다친 거야 나는 반박한다
생선 가시가 목에 걸린 거야, 도로가
갑자기 막힌 거야 아니면
자기 아내를 빠져나올 수 없었던 거야
많은 일들이 우리 인생을 방해하잖아

버드나무가 몸을 숙이며 사각거린다
그는 이미 죽었을 지도 몰라
네게 입 맞출 때 외투에 가린 그의 얼굴은 납덩이 같았지
그럴 수 있다 버드나무 말이 맞을 수 있다
그래서 그는 나를 더 이상 사랑할 수 없다고
자신을 달래고 싶은 게다

Bei den weißen Stiefmütterchen

Bei den weißen Stiefmütterchen
im Park wie ers mir auftrug
stehe ich unter der Weide
ungekämmte alte blattlos
siehst du sagt sie er kommt nicht

Ach sage ich er hat sich den Fuß gebrochen
eine Gräte verschluckt, eine Straße
wurde plötzlich verlegt oder
er kann seiner Frau nicht entkommen
viele Dinge hindern uns Menschen

Die Weide wiegt sich und knarrt
kann auch sein er ist schon tot
sah blaß aus als er dich untern Mantel küßte
kann sein Weide kann sein
so wollen wir hoffen er liebt mich nicht mehr

검은 콩알

오후에 나는 책 한 권을 손에 집어든다
오후에 나는 책 한 권을 내려놓는다
오후에 내게 떠올랐다 전쟁은 있다
오후에 나는 잊어버렸다 모든 전쟁을
오후에 나는 커피를 간다
오후에 나는 갈아놓은 커피를
다시 뭉친다 잘 빚어진
검은 콩알들
오후에 나는 옷을 벗는다 옷을 입는다
먼저 화장을 한다 그리고 씻는다
노래를 한다 입을 다문다

Schwarze Bohnen

Nachmittags nehme ich ein Buch in die Hand
Nachmittags lege ich ein Buch aus der Hand
Nachmittags fällt mir ein es gibt Krieg
Nachmittags vergesse ich jedweden Krieg
Nachmittags mahle ich Kaffee
Nachmittags setze ich den zermahlenen Kaffee
Rückwärts zusammen schöne
Schwarze Bohnen
Nachmittags ziehe ich mich aus mich an
Erst schminke dann wasche ich mich
Singe bin stumm

오늘 저녁, 베티나여

오늘 저녁, 베티나여, 모든 것이
이전과 같구나. 언제나
우리 뿐이다, 우리가 왕들에게 편지할 때
마음의 왕들에게 그리고
국가의 왕들에게. 하지만
우리 심장은 요동치니
집 맞은 편에
차 소리 들릴 때면.

Dieser Abend, Bettina, es ist

Dieser Abend, Bettina, es ist
Alles beim alten. Immer
Sind wir allein, wenn wir den Königen schreiben
Denen des Herzens und jenen
Des Staats. Und noch
Erschrickt unser Herz
Wenn auf der anderen Seite des Hauses
Ein Wagen zu hören ist.

볼프 비어만

Wolf Biermann (1936-)

50년대 초에 구동독으로 이주한 비어만은 반파시즘에 기초해 건립한 나라에 동조하며 살았지만, 점차 구동독 체제를 비판하다가 공연금지 처분을 당했다. 아우슈비츠에서 죽은 아버지의 예술가 재능을 이어받은 비어만은 안정적인 삶보다 자유로운 삶을 선택했고, 부자유의 사슬을 끊는 예술가로 살고자 했다.

「프로이센의 이카로스」에서 비어만은 프로이센의 상징인 독수리에서 크레타섬에 갇혀있던 이카로스를 떠올린다. 이 시에서 독수리는 억압된 예술가의 모습과 함께 자유를 향한 염원을 담은 혁명가를 상징한다. 구동독의 폐쇄성, 자유가 억압된 시대에 참담한 현실을 견디는 것보다 찬란한 이상을 노래하다가 장렬한 죽음을 맞이하려는 시적 자아의 의지가 이카로스에 투영된다. 아버지의 예술적 재능을 물려받았지만 부자유함 속에 안주하느니 죽음이 따르는 자유를 선택한 이카로스는 사회를 바꾸고 변화시키려는 시인의 의지와 인간적인 세상에 대한 시인의 소망을 담고 있다.

프로이센의 이카로스

1.
저기, 프리드리히 거리가 조심스럽게
물 위로 걸음 옮기는 곳
        슈프레 강 위로 매달려있는
바이덴담 다리. 당신은
거기서 프로이센 독수리를 뚜렷이 볼 수 있다
        내가 난간에 서 있을 때

        거기 서 있는 프로이센의 이카로스
        철로 빚은 잿빛 날개를 달고
        그 무게로 팔의 고통을 느끼며
        날아가지도 - 낙하하지도
        바람을 일으키지도 - 축 늘어지지도 않은 채
        슈프레 강 위 난간에서

2.
가시철조망은 서서히 안으로 자라나서
피부 깊숙이, 가슴과 다리 속으로
뇌 속으로, 잿빛 세포 속으로
철사 붕대에 둘러있는

Ballade vom preussischen Ikarus

1.

Da, wo die Friedrichstraße sacht
Den Schritt über das Wasser macht
        da hängt über der Spree
Die Weidendammerbrücke. Schön
Kannst du da Preußens Adler sehn
        wenn ich am Geländer steh

        dann steht da der preußische Ikarus
        mit grauen Flügeln aus Eisenguß
        dem tun seine Arme so weh
        er fliegt nicht weg - er stürzt nicht ab
        macht keinen Wind - macht nicht schlapp
        am Geländer über der Spree

2.

Der Stacheldraht wächst langsam ein
Tief in die Haut, in Brust und Bein
ins Hirn, in graue Zelln
Umgürtet mit dem Drahtverband

우리나라는 탄환물결에
부서지는 섬나라

거기 서 있는 프로이센의 이카로스
철로 빚은 잿빛 날개를 달고
그 무게로 팔의 고통을 느끼며
높이 날지도 - 낙하하지도
바람을 일으키지도 - 축 늘어지지도 않은 채
슈프레 강 위 난간에서

3.
당신이 가고자 하면, 가야지
우리 두 동강난 나라를
수 많은 사람들이 떠나는 걸 이미 보았다
나는 꿋꿋이 여기 버틸거다, 사랑받지 못하는 이 새가
할퀴며, 냉혹하게
나를 밖으로 끌어낼 때까지

이제 나는 프로이센의 이카로스
철로 빚은 잿빛 날개를 달고
그 무게로 팔의 고통을 느끼며
높이 날아오르고 - 낙하하며
작은 바람을 일으키고 - 축 늘어진 채
슈프레 강 위 난간에서

Ist unser Land ein Inselland
umbrandet von bleiernen Welln

da steht der preußische Ikarus
mit grauen Flügeln aus Eisenguß
dem tun seine Arme so weh
er fliegt nicht hoch – und er stürzt nicht ab
macht keinen Wind – und macht nicht schlapp
am Geländer über der Spree

3.
Und wenn du wegwillst, musst du gehen
Ich hab schon viel abhaun sehn
aus unserm halben Land
Ich halt mich fest hier, bis mich kalt
Dieser verhasste Vogel krallt
und zerrt mich übern Rand

dann bin ich der preußische Ikarus
mit grauen Flügeln aus Eisenguß
dann tun mir die Arme so weh
dann flieg ich hoch – dann stürz ich ab
mach bisschen Wind – dann mach ich schlapp
am Geländer über der Spree

격려

- 페터 후헬에게 바침

이 가혹한 시대에
그대는 굳어지지 마시오
너무 굳은 사람들은 깨뜨리고
너무 날카로운 사람들은 찌르고
즉각 부러지니

이 혹독한 시대에
그대는 분노를 드러내지 마시오
지배자들은 그대 고뇌에
- 그대는 벌써 창살 뒤에 앉아있구료 -
결코 개의치 않으니

이 끔찍한 시대에
그대는 경악하지 마시오
그들은 원하지
큰 싸움이 시작되기도 전에
우리가 무기를 집어드는 것을

Ermutigung

– Peter Huchel gewidmet

Du, laß dich nicht verhärten
in dieser harten Zeit
Die allzu hart sind, brechen,
die allzu spitz sind, stechen
und brechen ab sogleich

Du, laß dich nicht verbittern
in dieser bittren Zeit
Die Herrschenden erzittern
– sitzt du erst hinter Gittern –
doch nicht vor deinem Leid

Du, laß dich nicht erschrecken
in dieser Schreckenszeit
Das wolln sie doch bezwecken
daß wir die Waffen strecken
schon vor dem großen Streit

그대여, 자신을 소진시키지 말고
그대의 시간을 이용하시오
그대는 숨을 수 없으니
그대는 우리를 필요로 하고 우리는 바로
당신의 쾌활함이 필요하다오

이 침묵의 시대에
우리는 침묵하지 않을 것이오
초록빛이 나뭇가지에서 터져 나오는 것을
모두에게 보여주겠소
하면 그들이 알게 되겠지

Du, laß dich nicht verbrauchen,
gebrauche deine Zeit
Du kannst nicht untertauchen
du brauchst uns und wir brauchen
grad deine Heiterkeit

Wir wolln es nicht verschweigen
in dieser Schweigezeit
Das Grün bricht aus den Zweigen,
wir wolln das allen zeigen
dann wissen sie Bescheid

토마스 브라쉬

Thomas Brasch (1945-2001)

"한 작가의 테마는 그가 살고있는 나라가 아니라, 작가의 고뇌이다."는 브라쉬의 말은 구동독 출신인 자신에게 보내진 서독인의 편견에 대항하는 것으로 보인다. 1977년에 서베를린으로 이주한 뒤에도 계속하여 개인의 제한 없는 자유에 대해 말하며 자신을 특정 이데올로기에 묶으려는 편견에 저항했다. 동독 문화부 장관 대리로 활약한 아버지와 저널리스트로 왕성하게 활동한 어머니를 둔 브라쉬에게 동독의 문화정책을 강하게 비판할 수 없는 딜레마도 느껴진다. 부모의 혜택을 받은 그가 전체주의 시스템에 두드러진 비판보다 냉소적인 태도로 일관하고 있다는 세간의 목소리도 있다.

1976년 동독을 떠나서 서독으로 이주한 브라쉬는 「아름다운 9.27일」에서 의무와 강요에서 벗어나 무정부적인 자유를 갈망하는 내적 자아를 표현하고 있다. 「K를 위한 자장가」는 편안한 휴식이나 위로의 내용이 아니라 다시 깨어나지 않을 끔찍한 상황을 들려준다. '옆에 눕는' 행위는 사랑과 애정을 말하기보다 다가올 위기를 예감하면서 무력하게 서로 섞이는 모습을 떠올린다. 「노래」는 긍정과 부정 사이에서 오가는 화자의 마음을 담아내면서 화자 자신과 세상의 부조화에 대해서 토로한다.

아름다운 9월 27일

나는 신문을 읽지 않았다.
나는 여자를 훔쳐보지 않았다.
나는 우체통을 열지 않았다,
나는 누구에게도 안녕! 인사하지 않았다.
나는 거울을 보지 않았다.
나는 누구하고도 옛날을
누구와도 새날을 얘기하지 않았다.
나는 나에 대해 생각하지 않았다.
나는 한 줄도 쓰지 않았다,
나는 아무 일도 시작하지 않았다.

Der schöne 27. September

Ich habe keine Zeitung gelesen.
Ich habe keiner Frau nachgesehn.
Ich habe den Briefkasten nicht geöffnet.
Ich habe keinem einen guten Tag gewünscht.
Ich habe nicht in den Spiegel gesehn.
Ich habe mit keinem über alte Zeiten gesprochen und
mit keinem über neue Zeiten.
Ich habe nicht über mich nachgedacht.
Ich habe keine Zeile geschrieben.
Ich habe keinen Stein ins Rollen gebracht.

K.를 위한 자장가

밤 혹은 낮 혹은 지금
나는 네 곁에 눕고 싶다
최악의 평화에 선동되어
두 전쟁 사이에서

나 혹은 우리 혹은 너
생각없이 사유한다
네 눈을 감아라
비틀거리는 도시를 보리라

꿈에서 혹은 죽음 혹은 잠결에
돌무더기 정원으로 오라
너를 한 번도 만난 적 없는 곳에서
이제 내 너를 기다리리

Schlaflied für K.

Nacht oder Tag oder jetzt
Will ich bei dir liegen
Vom schlimmsten Frieden gehetzt
Zwischen zwei Kriegen

Ich oder wir oder du
Denken ohne Gedanken
Schließ deine Augen zu
Siehst du die Städte schwanken

In den Traum oder Tod oder Schlaf
Komm in den Steingarten
wo ich dich nie traf
will ich jetzt auf dich warten

노래

내가 가진 것을 잃고 싶지 않아, 그러나
내가 있는 곳에 머물고 싶지 않아, 그러나
내가 사랑하는 사람들을 떠나고 싶지 않아, 그러나
내가 알고있는 사람들을 더 이상 보고 싶지 않아, 그러나
내가 살고있는 곳에서 죽고 싶지 않아, 그러나
내가 죽는 곳으로 가고 싶지 않아, 그래서
내가 한 번도 가보지 않은 곳에 머물고 싶은거다.

Lied

Was ich habe, will ich nicht verlieren, aber
wo ich bin will ich nicht bleiben, aber
die ich liebe, will ich nicht verlassen, aber
die ich kenne will ich nicht mehr sehen, aber
wo ich lebe, da will ich nicht sterben, aber
wo ich sterbe, da will ich nicht hin:
Bleiben will ich, wo ich nie gewesen bin.

울라 한

Ulla Hahn (1945-　)

"시가 되지 않는 삶에 대한 그리움, 삶을 앞서가는 두려움"이라는 「허락되지 않은 가까움」의 시구절처럼 글쓰기와 삶에 대한 성찰은 울라 한 시문학의 주제이다. 삶이 종이로 변하고 거기에 자신을 써넣고 빼내고 고쳐쓰기를, 종이가 닳아질 때까지, 자신이 만신창이가 될 때까지 반복한다. 울라 한의 시에서 사랑은 삶이 되고, 시와 삶은 불가분의 관계로 엮이면서 시인의 글쓰기에 대한 고뇌가 드러난다. 그리움과 두려움 사이에서, 행복과 고통 사이에서, 가슴과 머리 사이에서 사랑은 고개를 내밀고 시와 현실 사이의 긴장을 회색빛으로 그린다.

「시예술」은 울라 한의 시학에 대한 입장뿐 아니라 그 당시 문학의 경향이기도 하다. 기존 질서를 비판하면서 삶과 문화의 경계를 허물기 위하여 정치와 이념을 끌어들인 비판적 예술의 흐름인 포스트 모더니즘의 특징을 보여준다. 사랑을 담은 「보이지 않은 흔적」은 깨어나기 전의 꿈처럼 둘이 속한 현재에 대해서 화자는 얘기한다. 「비행을 원하는 자에게」는 사적인 것과 공적인 것, 에로스와 시대비판이 혼용되고 있다. 사람들의 고통을 외면하고 현실을 도외시하며 미적 유희에 빠져서 '더 높은 곳'에 머물기 원하는 예술가를 비판하고 있다.

시 예술

됐어요 내게 새로운 형식이
필요치 않아요 견고한 운각과
오래된 각운의 규칙 무더기
위에 서 있으니

종이에, 당신들 귀에
소리되어야 할 것을 전해주지요
노래는 나의 땀구멍에서
시구절로 줄줄 흘러나오죠

위, 그 위, 그 아래로
바로 위, 바로 옆으로, 그래요,
로렐라이가 자신의 노래로
그렇게 했지요.

Ars poetica

Danke ich brauch keine neuen
Formen ich stehe auf
festen Versesfüßen und alten
Normen Reimen zu Hauf

zu Papier und zu euren Ohren
bring ich was klingen soll
klingt mir das Lied aus den
Poren rinnen die Zeilen voll

und über und drüber und drunter
und drauf und dran und wohlan
und das hat mit ihrem Singen
die Loreley getan.

보이지 않는 흔적

우리가 이리 하나 되지 못함이 우리를 엮고 있으니
당신은 거기 나는 여기 - 우리는 서로 다른 여행길에 있군요
당신의 떠남 나의 도래
보이지 않은 두 개의 흔적이 현재에 있으니
꿈을 꾸고 있다는 것을 우리가 알고 있다면
깨어나기 전의 꿈처럼 우리에게 속한 시간
여기와 거기가 매번 다시 만날 때까지
스쳐가는 바람 마냥 우리와 유희한 시간.

Blinde Flecken

Daß wir so uneins sind hält uns zusammen
du dort ich hier - wir sind auf anderer Fahrt:
Dein Istgewesen mein Eswirdnochkommen
zwei blinde Flecken in der Gegenwart
die uns gehört wie Träume vorm Erwachen
wenn wir schon wissen daß wir Träumer sind
die mit uns spielt ein Weilchen in den Winden
bis jedes hier und dort sich wiederfindet.

비행을 원하는 자에게

그대가 온 힘을 다해 앞으로 나아가며
지구가 부드러워지기까지 두 발로 밟는다면
그대가 더 높은 곳으로 날아오르고
지구는 그대에게 더 가벼워지거나 얇아지면

이 수백만 죽은 자들을 보며
시시포스 탄타로스가 나타난다
팔을 벌려 서로 힘들게 매달려있는 그들을
멀리 있는 그대는 아는가, 그들은 서로 매우 사랑했다는 것을.

그들의 한탄이 노래가락 되어 그대 귀에 닿을 때
가인의 손이 아벨을 춤으로 이끄는 모습이 그대에게 보일 때
석양빛이 모든 세포에서 솟구칠 때

나를 잃듯 거의 놓친
지상으로의 그대 귀환을 황금빛으로 물들이니
더는 높이 날지 마오,
그렇지 않으면 우리를 더 이상 보지 못하리니.

Für einen Flieger

Wenn Du in Bausch und Bogen vorwärtsschreitend
das Erdreich mit den Füßen trittst bis weich
Du abhebst in die höheren Regionen
und Dir die Erde leicht wird oder seicht

erscheint beim Anblick dieser Millionen Toten
der Sisyphos der Tantalos die schwer
einander in den offenen Armen hängen
glaubst Du von fern: sie liebten sich so sehr.

Als Lied erreicht ihr Stöhnen Deine Ohren
Kains Hand scheint Dir führt Abel hin zum Tanz
ein Abendlicht quillt allen aus den Poren

vergoldet Dir die Sicht die Wiederkehr
zur Erde die Du fast wie mich verloren
flieg höher nicht;
Du findest uns nicht mehr.